JN181402

日本経済評論社

はしがき

経済学の教科書や経済学史の本を読むと多くの海外の経済学者の名前が出てくるものの、日本人の名前を目にすることはほとんどない。日本では経済学は長らく輸入学問であり、海外の学説を受け入れることに熱心な時代が続いた。そうしたなかで、早い時期から海外に向けて自身の経済理論研究を積極的に発信し続け、国際的に注目された日本人経済学者の一人が柴田敬（しばたけい）であった。柴田は現在では、日本における「国際的に評価された最初の経済学者」ともいわれている。

一方、柴田は一九三〇年代後半から日本経済の革新を主張して経済新体制運動に参加するなど、国家主義的な言動を取るようになる。戦後はこうした言動が理由で軍国主義者、国家主義者として教職および公職から追放されており、柴田への戦後の評価にもこの国家主義者としての側面が影を落としていることは否めない。

さらに、柴田の戦後の研究は資源や環境に関するものが多く、環境経済学の先駆者として評価される場合もある。人類は天然資源を食いつぶして生きる存在であるが、天然資源は有限であるため新規資源の開発や低品位の資源の開発を行わざるを得なくなるため利潤率は低下していき、資本主義は危機に陥るという「壊禍の法則」は公害問題の深刻化や石油危機のはるか以前、一九五〇年代初期に唱えられたものであった。

このように柴田に対しては「国際的経済学者」「国家主義者」「環境経済学の先駆者」という様々な評価がされるが、では柴田自身は生涯を通じて何を目指していたのだろうか。先取りしていえば、「資本主義の抱える諸問題にどのように日本と世界は対応すべきなのか」言い換えれば「資本主義をどう超克するか」を研究で明らかにしようとし、さらにそれを実践しようとしたのが柴田の生涯であったと筆者は考えている。

本書はこうした視点から柴田の生涯を追っている。柴田は『地球破壊と経済学』（ミネルヴァ書房、一九七三年）の第二部「一般均衡理論と私の経済学行脚」および『経済の法則を求めて』（日本経済評論社、一九七八年）において自分の人生をかなり詳しく語っている。また門下生の杉原四郎らによる詳細な文献目録や年譜が作成されており、『新版増補　経済の法則を求めて』（二〇〇九年）に収録されている。本書はこれらの回想や基礎情報を基にしつつも、新たに明らかになった情報を加えて、柴田の生涯における研究・活動を時代背景との関わりから分析し、柴田が目指した「資本主義の超克」の軌跡を描こうとしている。それが成功しているかどうかは読者の判断に委ねたい。

※文中の［　］は筆者による挿入を意味する。また、外国人の経済学者名の表記は基本的に『経済思想史辞典』（経済学史学会編、丸善、二〇〇〇年）に従った。

目次

柴田敬（1974年）

第1章　講師になるまで

1　京大入学まで

柴田敬は一九〇二年（明治三五）年九月二日、福岡市に柴田治三（じそう）とマサの二男として生まれた。父の治三は筑前国遠賀郡出身だったが、当時福岡藩士だった金子堅太郎（官僚・政治家。大日本帝国憲法の起草や日露戦争時のアメリカにおける活動で有名）と親しくなり、金子がハーバード大学留学後に政府に出仕するとその属官として活動する。[1] なお後年のことだが一九四二（昭和一七）年まで生きた金子は、柴田が京大教授に就任した際（一九三九年）にわざわざ京都を訪れて祝い、直筆の掛軸を贈っている。[2] しかし治三は体を壊して帰郷し、その後福岡市長の候補者となったりしたのち実業界に身を転じた。[3][4] 特に炭鉱王の伊藤伝右衛門（柳原白蓮との離婚問題で知られる）と金子の仲立ちをしたことが契機になり伊藤の支援を受けるようになり、柴田が生まれた時には土地造成事業を営む博多土地建物株式会社（一八九八年設立、相談役は伊藤伝右衛門[5]）の社長をしていた[6]。

一九二一年（大正一〇）年に福岡市立福岡商業学校を卒業した柴田は同校校長の太田徳次郎による説得で上級学校への進学を父に認めてもらい、山口高等商業学校に無試験で入学する（山口高商は商業学校出身の成績優秀者の無試験入学を認めていた）。当時の山口高商で校長を務めていたのは金沢出身の横地石太郎であり、もともと前身の山口高等学校時代から存在していた教官保証制度（学生の保証人二名のうち一名を教官にし、教官と生徒との人格的接触の機会を多くする制度）を活用して師弟関係の親密を図っていた。教官保証制度は一九一七年には制度としては廃止されていたが、教官と学生との間の親密な関係は柴田の在学時にも続いていたようである。

山口高商に入学した年の七月、父の治三が病気で死去するが、柴田はそれに伴いかなりの金額の遺産を受け継いだ。前年の一九二〇年に戦後恐慌（第一次大戦後の復興需要に伴う輸出増加と投機の活発化によるバブル景気がヨーロッパ各国の市場復帰による輸出不振により崩壊したことで起きた恐慌）が起きて土地の値段も下落し始めたため、伊藤伝右衛門は博多土地建物の造成した土地を早く処分した方がいいと考え治三と相談していた。そのため治三は死の直前に博多湾鉄道（現・西日本鉄道）に博多土地建物の全株を譲渡しており、多くの資産を遺すことになった[7]。

父の死後間もなく、柴田は博多の街を歩いていたところ太田徳次郎に会い一緒に食事した。その時太田は柴田に「悪いことはいわぬから、そのお金［遺産］で芸者遊びをしたまえ」と言ったという。生前の父からしばしば「お金を作るのはお金そのものが欲しいからではない。お金ができてでなければ何事もできぬからだ」と聞かされていた柴田は太田の言葉には何か別な意味があるのだろうと考え、「お金を守るために一生を使うようなバカなことはやめよ、金のことは忘れてしまえ、むしろ使ってしまえ、男として為すべき仕事に精進せよ」ということだろうと考えた。そして戦後恐慌の原因について、「これは貨幣と関係があるのではないか。貨幣の供給が少ないからこうなったのじゃないか」という印象を抱いていたことから、遺産を使って研究して経済学者になろうと考えたと回想している。(8)

作田荘一との出会い

当時山口高商で唯一の経済学の教授だったのは同校の前身の山口高等学校で河上肇と共に学んだ作田荘一(9)であった。作田は東京帝国大学法科大学大学院を卒業して逓信省に勤務した後、中国・武昌の湖北法政学堂の教員を経て山口高商教授になっていた。中国で作田は経済学を教えるのに西洋人の経済学者の名前しか挙げられないことを恥ずかしく思い、しかも生徒の中国人が「中国には古よりこれ有り」と答案に書いてくることで、「いつかはこれぞ日本人が究めた道であると言立てして、それを他国の人々にも語り得る秋が到来するであろう。自分は今その道を尋ねる為めに善い環境を求めてここに来り是処にて修行して居るのだ(10)」と考え研究に励み、幸福の道（東洋の天の道、西洋の人の道）と平安の道（東洋の覚りの道、西洋の救いの道）を超える開化の道（日本古来の「むすび」の道、万物を生成発展させる動き）を人生の目的として見出していた。[11]作田は山口高商で「一度先生の門を叩きたるもの、皆異口同音に親切に感激し、その徳を慕わざるものなし」と学生から慕われていた。[12]柴田は当時の作田について「私が生徒時代には本居宣長を研究されたり、大蔵経にこったりされていてね。ともかく純粋なかただった。だから河上肇先生とも通ずるところがあったのではないか」と証言している。[13]

作田は一九一九（大正八）年四月から柴田が山口高商に入学する直前の一九二一年三月まで欧米に留学（在外研究による滞在）しており、柴田は「欧米留学から帰られたばかりの「作田」先生の誠に感銘深き経済原論の御講義を拝聴した」。[14]作田の門下生になった柴田は理論経済学、特に貨幣論を学び、豊崎稔（のち大阪商科大学・京都大学教授）、橋本文雄（法学者、のち東北帝国大学助教授、一九三四年死去）と共に作田門下の三羽烏といわれた。また柴田は橋本および湯藤實則（のち日本不動産銀行（旧日本債券信用銀行、現あおぞら銀行）頭取）と共に山口高商のキリスト教主義団体の羊牢会に所属し、一九二三年には山口メソジスト教会で洗礼を受けている。

経済学者になるため大学進学を考えた柴田は、山口高商（山口高等学校）の先輩にあたる河上肇の『貧乏物語』や個人雑誌『社会問題研究』などの著書が「そうとう私たちの心をひきつけていた」こと、また河上の友人でもある作田が河上の強い推薦により助教授として京都帝国大学経済学部に転任することになっていたため、山口高商を首席で卒業して一九二四（大正一三）年京大経済学部に進学した。

2　京大経済学部

経済学部の講義

柴田は京大に入ると、同期の石田英一郎（のち文化人類学者、東京大学教授）から河上肇の指導していた研究会に入らないかと誘われるが断っている。なお石田は一九二五（大正一四）年の京都学連事件（治安維持法の最初の適用による左翼学生弾圧）で検挙され京大経済学部を退学している。

一方でそれとは別に、日本メソジスト京都中央教会（現・京都御幸町教会）に通っていた柴田は高商時代から読んでいた河上の『社会問題研究』の論調の変化（戦闘的マルクス主義への接近）を残念に思い、聖書を持って河上を訪ねて「先生の最近の主張はどうも先生らしくない。先生はますます闘争的になってきて、かつてのように愛の力で人を包みこむというふうではなくなった。先生、本気でもう一度聖書をお読みになりませんか」と言ったという。それに対し河上は「きみのいうこともよくわかるけれども私は今日、いかに民衆が苦しんでいるかということを知っている。この苦悩から民衆を何とかして解放しなければならないと思って苦労している多くの弟子が片っぱしから獄につながれている。そうした現実を眼前にしながら、それでもなお〝神は愛なり〟

といえるか」と返した。柴田は「本当に痛かった。いいかげんな人がいうならともかく、身をもって闘っている人の言葉だから」と回想し、その後だんだん教会から遠ざかるようになったとしている[15]。

ところで柴田は既に高商時代に津村秀松（神戸高等商業学校）の『国民経済学原論』（一九一三年）を読んでおり、経済学部初年度の田島錦治による歴史学派と主観主義経済学の折衷的な内容の経済原論講義には満足しなかった。柴田は主観派の経済学について「ある意味では理路整然としているものの、それがわかってみたところで、資本主義経済がどう変動するか、その長期的動向はわからない。役に立たない経済学だ。」と感じていた。

大学二年の時には石川興二（河上肇門下）のゼミに入り、また河上による経済原論講義を聴く。河上の講義は大変な人気で、「先生の講義時間になると大勢の学生が教室に詰めかけ、教室内の通路にまで学生が坐り込んだし、それでも入り切れない学生が廊下側の窓を開けたまゝ身を乗り出して講義を聞くという状況であった[16]」。柴田は河上の講義に魅了された一方、その理論的な内容には物足りなさを感じていた。河上は講義で和服の袂から小さな棒天秤とタバコと小銭を取り出し、天秤にタバコと小銭を乗せ、タバコと小銭は当然同じ重さではないにもかかわらずこれら二つのものはなぜ等しいとされるのか、それは重さとは違った何物かが二つのものの中に等量入っているからであり、その何物かが価値である、といった子どもに聞かせるような仕方で説明をしていた。マルクス経済学を高商時代から勉強していた柴田にとって、そのような説明は余りに幼稚なものに思われた[17]。またマルクス経済学そのものについても、個人的・具体的な労働が一般的・抽象的な労働に転化するのは労働生産物の交換が行われることを通じてであるが、交換比率が決まることによって一般的労働になるにもかかわらず一般的労働で交換比率が決まるとする労働価値説は循環論法に見えた。またK・マルクスの貨幣論も承認できず、マルクスの理論はおかしいと感じていたが、にもかかわらずマルクス理論は資本主義経済の長期的動向をとらえるのに役立っているように思われた[18]。

結核にかかり大学二年目は治療に専念した柴田は、マルクス主義の何が自分を引きつけているかを知るため、教会で知り合った京大文学部独文科の友人の田中彰寛（のち関西学院大学教授）と一緒に大学の春休みに高野山に籠り、猪俣津南雄による翻訳やドイツ語の辞書を参考にしてマルクスの『経済学批判』を読み、山を下りてからそれを読み終えた後は高畠素之による翻訳を参照しながらエンゲルス版『資本論』を読んだ。

河上肇ゼミ

柴田はさらにマルクス理論を勉強するため河上ゼミに入ることを決める。柴田は河上に「私はマルキシズムには批判的であるが何故か心惹かれるものがある、その正体が何であるのか本腰を入れて勉強してみたい、私のような者でもゼミに入れていただけますか」と尋ねたところ河上は快くそれを許可した。当時は左翼活動に対する風当たりが強まり、河上ゼミを出たら一〇〇％就職できないといわれていたため、河上ゼミには柴田のほか古林喜楽（のち神戸大学学長）、木村和三郎（のち大阪市立大学教授）らごく僅かしかいなかった[19]。河上はゼミで非常に繊細な点にも注意を払いながら極めてゆっくりとカウツキー版『資本論』の輪読を進めていた。

さらに柴田は河上が中心となって一九二六（大正一五）年から開かれていた私的研究会の経済学批判会にも出席した。経済学批判会は「経済学の批判的研究」を目的とし、各週の研究会や哲学者の三木清などを招いた講演会を行っていた。しかし京都学連事件の後で社会主義思想に対する風当たりが強くなっていたため、規約に「会員は本会在籍中労働運動の実践に干与せざるものとす」と明記しており[20]、マルクス派の学生だけでなく反マルクス派の学生も含め、両派を代表する学生委員、その上に両派を指導する責任教授（マルクス派は河上、反マルクス派は石川興二）、そして中立的立場で両派を総括する教授（学部長の神戸正雄）がいるという複雑な構成になっていた。柴田は二年生の時に石川ゼミに所属していたため石川から頼まれ、反マルクス派の学生委員になった。経済学批判会では様々な見解の発表やそれに対する批判があり面白かったが、あるときマルクス派から「きょうこの会にイヌ［警察のスパイ］が入り込んでいる。つまみ出せ」という動議が出て皆がこれに賛成した。これに対して柴田は「警察の人がいるならいてもいいじゃないか。われわれがここでいかに切磋琢磨して研究しているかがわかれば弾圧はないだろう。〝イヌが入っちゃ困る〟とかなんとかいうから、疑いを受けて〝宣伝ばかりしている〟というようなことをいわれるのじゃないか」と言ったが周囲から強い反発を受けた。石川はこのような雰囲気に反発して経済学批判会から去ったが、柴田は河上から「君は、やめないでほしい、短気を起こさないでほしい」といわれて研究会に残り、議論では譲らなかったという[21]。

しかし大学を通じて、河上のヒューマニストとしての側面には惹きつけられたものの、マルクス経済学については「『資本論』のどこが私をとらえつつあるのか結局わからなかった」[22]。大学を卒業するにあたり柴田は河上に挨拶するため研究室を訪れたところ、河上は「柴田君、君にはいろいろお世話になった。君のことは決して忘れない。しかし、君には手紙を出さないよ」「君と僕とは説が違うからね」と言った。手紙を出せば自分が社会主義者と疑われ迷惑がかかるだろうという河上の配慮だったのだろうと柴田は回想している。

河上は翌年（一九二八年）、日本共産党関係者に対する弾圧である三・一五事件の余波で京大経済学部を追われた。その後実践活動に参加した河上に柴田は京大講師になって間もない頃（一九二九年か）に一度だけ会った。河上は京都の街頭で二、三人の特高警察に監視されながら同志たちとスクラムを組んで歩いていたが、柴田に気づくと組んでいた腕を離して近づいてきて「柴田君、気持よくやっているかい」「元気でやれよ」と言い残して去って行った[23]。その後、一九三三年に治安維持法違反容疑で検挙され一九三七年に出獄した河上は一九三九年に還暦を迎えた。柴田は作田荘一や石川興二らと共に河上に還暦祝いを送り[24]、河上は柴田に礼状と「落葉」と題する漢詩を記した色紙を送っている[25]。詩の書き下しは次のようなものである。

一身瘦せ尽して枯葉の如く
万境踏み来りて生を隔つるに似たり
ただ喜ぶ頭をめぐらして悔ゆる所なきを
誰か知る這箇野翁の情

われもまた老いにけらしな爛漫と
咲き誇る春の花よりも
蕭条たるこの秋の日に
散り行く木の葉拾い来て
染まれる色を美しと見る(26)

柴田によれば河上はマルクスが『経済学批判』の序言で引用したダンテの『神曲』の一節「ここでいっさいの優柔不断をすてなければならぬ、臆病根性はいっさいここでいれかえなければならぬ」をゼミでしばしば口にしていた。「先生は本当にダンテの言葉通りの人であったと思う」と柴田は回想している。(27)

大学院入学と講師就任

一九二七（昭和二）年の大学卒業後、徴兵令により久留米の歩兵第四十八連隊に幹部候補生として入営した柴田は、兵隊が満期になった後にどうするかの見通しがつかないまま過ごしていたが、ある日行軍中の休憩の際に雲を眺めていて、マルクス経済学の強みは労働価値説ではなく、『資本論』第二巻の再生産表式（ある再生産期間の社会部門総体の商品資本（生産物価値）の構成を不変資本・可変資本・剰余価値に分け、それらを生産手段生産部門と消費手段生産部門に大別して式で表したもの）にあり、それによりマルクスの理論が科学的で魅力的に見えるのではないかという閃きを得る。そこですぐに「大学院に戻りたい」という手紙を作田荘一に送ったところ、作田からは「君の翻意を喜び、捲土重来を待つ」という電報がきた。[28]

一九二八年の除隊後に柴田は京都帝国大学大学院に入学して「貨幣社会の研究」を研究テーマにしたが、作田はまだ助教授だったので指導資格がなく、経済学批判会で世話になった神戸正雄の指導を受けることになった。神戸は柴田にK・ヘルフェリヒの『貨幣論』を読むように指示した後はほとんど指導らしい指導をしなかったので、柴田は自分でW・ゾンバルトの『近代資本主義』やG・F・クナップ、L・E・v・ミーゼス、J・A・シュンペーター、左右田喜一郎らの貨幣に関する著書や論文を読み、貨幣の名目性に関する論文を書いて神戸に提出したところ、二、三週間ほどして神戸から呼び出しがあり、いきなり「こんどの四月から講師になってもらう。その準備を、いまからしておきたまえ」と言われてE・v・ベーム－バヴェルクやF・ヴィーザーの著書の要約を編集した教科書を渡された。こうして柴田は一九二九年四月に京都帝国大学経済

学部講師として採用され、経済学者としての道を歩むことになった。(29)

注

(1) 金子堅太郎「自叙伝綱領」の明治二一年の項に「余は属官の柴田治三と平岡とを随へ、横浜より神戸を経て下関に着き、それより小倉に上陸し、人力車にて豊前筑前に於ける海軍予備炭田の実況を視察す」「柴田治三に命を含め、佐賀県に赴きて彼地の政況を探偵せしむ」という記述がある(『金子堅太郎自叙伝 第一集』日本大学精神文化研究所、二〇〇三年、一九七、一九九頁)。

(2) 柴田敬「理想と正義の人」日本経済評論社編『父のいる風景 下』日本経済評論社、一九八二年所収、一六〜一七頁。

(3) 当時の福岡市では市会で第一、第二、第三の市長候補者三名を選出し上奏裁可を得る形式であった。一八九五年一月に福岡市会は柴田治三を第一候補者として選出した(福岡市役所編・発行『福岡市制施行五十年史』一九三九年、一九三頁)。これに対して「市会の一部において反対の火の手があがり、事態は第一候補者とこれを選挙した市会議員不信任となり、ひいては民間有志の市民大会にまで発展し、両々相ゆずらなかつた」が、最終的に第三候補者の補欠当選者となった奥山亨が第三代福岡市長に就任した(福岡市役所編・発行『福岡市史 第一巻明治編』一九五九年、一七頁)。

(4) 一八九六年一〇月に出願された福岡市内の馬車鉄道計画「石城馬車鉄道」および「博多馬車鉄道」の発起人に柴田治三が名前を連ねている(入江寿紀「福博電気軌道株式会社前史(一)」『西南地域史研究』第10輯、一九九五年、四七七〜四七八頁)。

(5) 迎由理男「太田清蔵の企業者活動」迎由理男・永江眞夫編著『近代福岡博多の企業者活動』九州大学出版会、二〇〇七年所収、二三四頁。

(6) 「理想と正義の人」三〜七頁。

(7) 同右、一一頁。

(8) 柴田敬『新版増補 経済の法則を求めて』日本経済評論社、二〇〇九年、一一〜一三頁。

（9）作田に関するまとまった研究としては宮沢恵理子『建国大学と民族共和』風間書房、一九九七年、今井隆太「国民精神文化研究所時代の作田荘一」『社会科学研究科紀要別冊』（早稲田大学）第4巻、一九九九年を参照。

（10）作田荘一『道の言葉第六の巻　道を求めて』作田荘一著「道の言葉」刊行会、一九六七年、八六～八七頁。

（11）『道の言葉第六の巻　道を求めて』一〇二～一〇三頁。

（12）作道好男・江藤武人『花なき山の山かげの――山口大学経済学部六十五年史』財界評論新社、五二、六二～六三、二一二頁。

（13）社団法人鳳陽会編・発行『花なき山の……』二〇〇五年、四七頁。

（14）柴田敬『経済原論』（満洲国建国大学教材）一九四二年、「はしがき」一頁。なお当時の山口高等商業学校では一九一八年の学科過程表改正により一週三五時間のうち各学年で英語が七時間以上、数学も各学年で一から二時間確保されていた（経済学は各学年二時間）。一九二二年の学科過程表改正でも英語が毎週七時間以上確保されていたほか、第一学年では中学校出身者には「商業数学」が二時間、商業学校出身者には「代数幾何」が三時間教えられており、「経済原論・経済政策論・財政学」は第一及び第二学年で二時間、第三学年で三時間であった（山口高等商業学校編・刊行『山口高等商業学校沿革史』一九四〇年、七七一～七七五頁）。柴田が教えを受けた可能性のある外国人英語教師として「フランク・シー・アダムス」（「ベーツ大学及びハーヴアード大学院経済科出身、バチエラー・オブ・アーツ（ベーツ大学）」）、「グレン・ウイリアム・ショウ」（「バチエラー・オブ・アーツ（コロラド大学）」）がおり、また英語担当の菱川精一（「バチエラー・オブ・アーツ（ワシントン大学）、マスター・オヴ・アーツ、バチエラー・オヴ・デイヴイニテイ（シカゴ大学）、神戸市立神港商業学校勤務」）は羊牢会の会長であり、柴田が私淑していた（湯藤實則「畏友柴田敬兄の思い出」鹿島郁子・長坂淳子編『大道を行く　柴田敬追悼文集』一九八七年所収、二〇一頁）。数学教師として大島重太郎（「東北帝大理学部数学科出身、理学士、大阪府立堺中学校其他歴任」）らがいる（『山口高等商業学校沿革史』七五三～七六〇、七八〇～七八二頁）。

余談ながら柴田は自分の数学の能力について、自分は商業学校出身なので「中学校、高等学校というコースでやるような本式の数学を習ったことがない。けれども、なんでも私のうちの先祖は庄屋をやるかたわら和算の師匠みたいなことをやっていたそうで、私にも多少、数学的な頭が働くらしい。だからその［カッセル『社会経済学原論』］程度の数学はこわくない」と述べている（『新版増補　経済の法則を求めて』二一二頁）。

(15) 『新版増補　経済の法則を求めて』八～九頁。
(16) 柴田敬「河上先生の想い出」『河上肇全集月報27』一九八四年、三頁。
(17) 『新版増補　経済の法則を求めて』九頁。
(18) 同右、四～五頁。
(19) 「河上先生の想い出」四頁。
(20) 「経済学批判会　河上肇博士の研究発表あり」『京都帝国大学新聞』一九二七年二月一一日。
(21) 『新版増補　経済の法則を求めて』一一～一三頁。
(22) 同右、一三頁。
(23) 同右、一四～一五頁。
(24) 一九三九年一〇月二一日付石川興二宛河上肇書簡（『河上肇全集』第26巻、岩波書店、一九八四年、三五〇～三五一頁）。
(25) 一九三九年一一月一四日付柴田敬宛河上肇書簡（『河上肇全集』第26巻三五八～三五九頁）。
(26) 『新版増補　経済の法則を求めて』一四二～一四三頁。
(27) 「河上先生の想い出」五頁。
(28) 柴田敬『地球破壊と経済学』ミネルヴァ書房、一九七三年、一一一頁、『新版増補　経済の法則を求めて』一五～一六頁。
(29) 『新版増補　経済の法則を求めて』一五～一九頁。

第2章　簡単化されたワルラス方程式

1　一般均衡理論との出会い

高田保馬との関係

柴田の講師就任と同じくして、河上肇が三・一五事件で辞職した後に空席となっていた京都帝大経済学部の経済原論講座を、河上の論敵として知られていた九州帝国大学教授の高田保馬が引き継いだ。高田は京大大学院時代は櫛田民蔵と共に河上からも指導を受けるなど、もともとは河上との関係も良かった。しかし日本でも最初期にマルクスのほかM・E・L・ワルラス、J・B・クラーク、シュンペーター、V・F・D・パレートの経済学研究を行い、マルクス経済学に批判的になると共に一般均衡理論（相互に連関する多数の市場からなる経済組織の全体としての均衡を分析する理論）を研究しつつあった高田と、もともと主観価値説に基づく経済学に依拠しながらそれを捨ててマルクス主義に向かった河上は正反対の方向に進んでおり、両者の個性の違いもありマルクス経済学の評価をめぐり論壇で激しい論戦を戦わせていた。[1] マルクス経済学を批判する高田が論敵の河上の経済原論講座を引き継いだのは政府によるマルクス主義弾圧の一環であると考えられたため、高田の講義では河上を敬愛していた学生たちが批判的な質問を次々に投げかけ、それに対して高田が一歩も引かずに質問に答えるという緊迫した光景が見られた。[2]

当時は講座制で、一つの講座に教授一人、助教授一人、講師一人が配置されることになっていたが、実際の経済原論講座は教授の高田のほか助教授はいなかったため、柴田は直接上司として高田を迎えることになった。柴田は高田については「大変偉い社会学者だ」ということは聞いていたが経済学者としての評価については知らず、また人間的に河上に心引かれていたため、高田に対するこだわりがあり「なんとなくひっかかるもの」を感じていた。柴田は高田の講義に出席するとその内容は既知のものだったので、講義が済むと高田の研究室に行って毎回講義に対して批判していた。

しかし講義が進んで高田が柴田の知らなかった一般均衡理論の説明を始めると、柴田はそれに強い関心を持った。高田は河上と労働価値説をめぐり論争していたこともあり、労働価値説に代わる新しい価値説として一般均衡理論を紹介していたが、高田は授業では最初に一般均衡理論を数学的に定式化したワルラスの体系ではなく、より簡潔なカッセル体系（K・G・カッセルによる簡略化された一般均衡理論体系(3)を使って説明していた。柴田によればいつも和服だった高田は授業で和服の腕をまくって黒板一杯に方程式を書いて「この連立方程式によって示される事情によって、物の価格が決まるのだ。労働価値説なんか大まちがいだ」と強調していたという。こうした説明は柴田にとって「非常に科学的、説得的で、面白かった」ため、高田に対するこだわりもなくなり素直に講義を聴き、カッセル体系に取り組み始めた。これが柴田と高田、そして一般均衡理論の出会いであった(4)。柴田はその後、高田のほか作田荘一、石川興二、蜷川虎三、西田幾多郎、田辺元、佐々木惣一、恒藤恭、黒正巌ら京大の研究者による「唯物史観研究会」に参加したり(5)、高田とマルクス経済学の諸論点について論争するなど、高田とは学術的に切磋琢磨する関係になる。

なお柴田は講師になった一九二九（昭和四）年の九月に京都中央教会の中村金次牧師の司式・仲人により大石恭子と結婚し、翌年には長女の郁子、二年後には次女の淳子、四年後には長男の徹（とおる）が誕生している(6)。

カッセル体系の問題点

柴田はカッセル体系に取り組むうちに「この方程式はおかしい。数学的に成り立たんのじゃないか」と考え出し、連立方程式として一般に成立する条件を備えていないということを確信するようになった(7)。

簡単にいえばカッセル体系は生産要素の数とそれを組み合わせて生産される生産財の数が一致する場合に初めて成立する（解を求めることができる）方程式体系である。もちろん現実の経済では生産要素の数と生産財の数とが一致する保証はなく、例えば生産要素の数が生産財の数よりも多い場合には「過剰決定」の体系になって解が一つに決まらなくなってしまい、カッセル体系が現実の経済のモデルとしては「成り立たない」ことになる（なお、それ以外にもカッセル体系はワルラス体系のような「同時決定」ではなく「因果関係」になる場合があることなどの欠点がある）(8)。

柴田はこうしたカッセル体系の問題点について論文にまとめ高田に持っていったが、高田は「君、いいかげんのことをいっちゃいけない。カッセルという人は、かつてはストックホルム大学の数学の正教授だった人だ。その人が書いたものに数学的な間違いがあるなんて論文を書こうものなら、学界の笑い者になるだけだ」とその論文を突き返した。カッセルが実際にもともと数学者であったことに加え、高田は授業のほか、一般均衡理論を日本で初めて本格的に紹介した自身の『経済学新講　第二巻　価格の理論』（岩波書店、一九三〇年）でカッセル体系を用いた説明をしていたため(9)、カッセル体系の誤りを指摘する柴田の論文は受け入れられないものだったと考えられる。しかし再検討したものの自分の考えが間違っているとは思えなかった柴田はまた論文を高田にもっていき、再び高田に叱り飛ばされ、これを三回繰り返し、ついに根負けした高田は京大経済学部の『経済論叢』に論文を掲載することを認めた。柴田の論文は一九三〇（昭和五）

年に「カッセル氏の「価格形成の機構」の吟味」という題で『経済論叢』第三〇巻第六号に掲載された。

この論文で柴田はカッセル体系の「過剰決定」の問題を取り上げているが、それ自体は生産要素の供給量を価格の関数にすることで解決でき、「それは未だカ氏流の思考方法の根本的欠陥では無い」としている。実は柴田がこの論文で一番問題にしているのは、カッセルが生産要素を与えられたものとしており「再生産」の問題を考えていないということである。

> 経済学は、カ氏自身強調してゐる様に、永続的経済殊に不断の生産過程を研究対象とせねばならぬ。所が各単位期間に一定量の財が生産せられ得る為めには、各単位期間に一定量の生産手段が提供せられて居らねばならぬ。然るに、此の生産手段の或るものは、其の単位期間以前の諸々の時期に生産されて居らねばならぬ。此処に於いて、カ氏の所謂「実物資本の再生産若くは補充過程」の問題が生ずるわけである。然るに我々が既に知れる如く、カ氏の基本的方程式組織に於ては、此の問題は全然除外されてゐるのである。然らば此の重要なる問題を、カ氏は何故に其の基本的方程式組織から除外したのであらうか。[10]

柴田はカッセル体系を連続する三単位期間に拡張して再生産の問題を扱う試みをしているが、結局その場合も成り立つのは「完全なる静態の場合に限られる」ため、「均等的拡張的均衡」を扱おうとすることはできないとしている[11]。マルクス経済学の再生産表式により経済学者への道を目指した柴田にとって、再生産の問題を扱うことの困難なカッセル体系は極めて不十分なものと考えられた。

柴田は同論文を発表してどのような批判が出るのか興味を持っていたが、しばらくは何も反応はなかったとしている。しかし実際には直後に小泉信三（慶應義塾大学教授、のち塾長）が同論文について「学ぶところが多かった」と評価しており[12]、またおよそ三年後に当時東京帝国大学経済学部助手だった安井琢磨（のち東北大学・大阪大学教授）が論文の中でカッセル体系が過剰決定になるという柴田と同趣旨の批判をし、「この点はさきに柴田敬氏によつて指摘され、最近ではシュタッケルベルグによつて批判されてゐる」と述べて柴田の論文も注で紹介した[13]。カッセル体系の問題点はウィーンにおいてJ・v・ノイマンやA・ワルトらによりその克服の方法が検討されており、一九三〇年代の数理経済学の最先端の課題であった[14]。柴田はこれにより「自分に正しいと思えることは、それがいかに世界的権威者の学説に反するものであろうとも、学界の通説と矛盾することであろうとも、そんなことはおそれず、堂々と主張すべきだ」という信念を固めることになった[15]。

2　一般均衡理論と再生産表式の統合

「資本論と一般均衡論」

柴田はカッセル体系およびワルラス体系に取り組むうちに、もともと関心のあったマルクス経済学の再生産表式と一般均衡理論を統合することができるのではないかと考えるようになり、「近代経済学とマルクス経済学の間に共通の基盤がある。その共通の基盤に立てば、あい対立している二つの経済学を統一することが可能となるし、それらを統一しさえすれば、すばらしい経済学ができるだろう」と心を躍らせた[16]。

一九三三（昭和八）年に柴田は『経済論叢』に「資本論と一般均衡論[17]」と題する論文を発表した。一般均衡理論は「幾多の非難もあり、又、実際尚ほ改めらるべき部分も残つてゐる」が、「今日に於いて最もすぐれたる経済理論であると言い得らるべき面を有してゐる事は否めない。一般均衡論が次第に注目されて来てゐる事は、此の意味に於いて、喜ぶべき事である。」

然しながら、数理派の一般均衡論はあまりに形式的である。それは、今日の資本主義社会の構造や発展法則を体系的に把握する上には、あまりに無力である。無力であつてもかまはないと言ふ見方もある。然し、経済学が、与へられた歴史上の経済社会の構造や発展法則を体系的に把握する事を其の課題の重要な一部分として来た事は否めないし、又、苟くも今日経済学に志す者として、少くとも今日の資本主義社会の構造や発展法則の体系的把握にまでは進まずには居り得ないと言ふ事も否めない。所が其の為めには、数理派の一般均衡論はあまりに無力であつて、其処に於いて取扱はれる動態論は、せつかくむづかしい数学を使つてこくめいに展開された一般均衡論との関連があまりに薄すぎ、結局、理論抜きの経済学に近づいてゐる。一般均衡論は存在を隠蔽する論理の遊技に過ぎずと言はれ、理論無き事をかくさんとするコケ嚇しのみと難ぜられてゐるのも、決して故無きわけでは無い(18)。

一方、マルクス経済学は多くの欠陥はあるものの「其処に於いて取扱はれる理論は、常に、今日の資本主義社会の構造や発展法則の体系的把握として、又は、それとの密接不可離の必然的関連に於いて、提出されてゐるのである」。マルクス経済学にあって一般均衡理論に無いのは「資本主義的生産の構造及び其の発展法則」であり、「一般均衡論の構造そのものが、そのままでは、論理的に、資本主義的生産の構造の分析を、従つて其の発展法則の把握を、不可能ならしめてゐる(19)」。柴田は一般均衡理論の問題点を以下のように指摘する。

一般均衡論によつて示される所の資本家的生産の構造は、あまりに複雑であつて、折角数字を以つて表現されていてはゐても、それは、事実上は、とうてい計算するを得ない。事実上計算し得ないとするならば、それを援用して資本家的生産の構造の分析の行はれ得やう筈は無い。それが資本家的生産の構造の分析に役立ち得ないとすれば、構造法則との必然的関連に於いて見らるべき発展法則の把握に役立ち得やうはづは無い。如何にいかめしい数字を用ひてあらうとも、そこに於ける分析は、実は、其の数字とはちがつたもので行はれてゐるのであり、其の数字が無くても出来る程度のものが行はれてゐるのに過ぎない。主体の構造の分析に於いては一応役立つかも知れないとしても、資本家的生産の構造其のものの分析又はそれを基礎とする其の発展法則の把握に於いて、これまでの一般均衡論があまりに無力であつた理由は正に此の点にあると思はれる[20]。

ただし以上のような複雑さは「決して、一般均衡論が誤つてゐると言ふ事も意味するものではな」く、「理論的に把握する為めには、我々の推理力の働き得る様な単純なる面を抽き出し、それの分析からはじめつつ、次第に複雑なる規定を加へる事によつて現実に帰る[21]」ために必要な「単純化」を行うという作業がこれまでの一般均衡論において欠けていたことだと柴田は批判する。そこで「一般均衡の方程式組織を事実上計算し得るものとする為めに」、柴田は財を資本財と消費財、貨幣の三種類に、社会の構成員を資本家と労働者の二種類に分けた上で、労働力供給者の実質労賃を固定し、さらに資本家の諸財需要の比率を固定するという単純化を行うことで解くべき方程式群の数を減らす作業を行い、一般均衡体系とマルクスの再生産表式の統合を試みている（柴田は後にこれを「簡単化されたワルラス方程式」と呼んでいる）。

ランゲの評価

京都帝国大学経済学部はその研究成果を積極的に海外に発信するため一九二六（大正一五）年七月に日本初の本格的欧文経済学雑誌 *Kyoto University Economic Review*（略称 *KUER*、現在の *Kyoto Economic Review* の前身）を刊行し、アメリカを中心とする多くの海外研究機関に送付していた[22]。既に二本の英文論文[23]を *Kyoto University Economic Review* に投稿していた柴田は「資本論と一般均衡論」を英語に訳して掲載した（"Marx's Analysis of Capitalism and the General Equilibrium Theory of the Lausanne School", *KUER*, Vol. 8, No. 1, 1933）。これを読んだポーランド出身の経済学者O・R・ランゲは柴田の試みを高く評価した。一九三四年にハーバード大学を訪れたランゲは都留重人（のち一橋大学学長）に「柴田敬を知っているか」と聞き、都留が「知らない」と答えると柴田の論文をぜひ読むように勧め[24]、翌年自身の見解を論文で発表した[25]。

柴田教授は、一般経済均衡論のこの不毛性は、現実問題への適用を不可能にしているその複雑さと高度の抽象性に起因するものと考えている。それにたいしてマルクス経済学のほうは、資本家的生産の組織に参加する諸個人の精神構造よりはむしろ集計量や平均量を取り扱っているので、直接実際的適用をなしやすい。それゆえ柴田教授は、実際的適用を可能にするようにローザンヌ学派の方程式体系を再述し簡単化することを試みているのである。この点で柴田教授は、まじめな経済学者であるなら歓迎するにちがいないきわめてすぐれた分析を行っているのである[26]。

ただランゲは柴田の論文を評価する一方、マルクス経済学の優位は別なところにあるとしている。マルクス経済学は「近代経済理論」(Modern Economic Theory)が制度的与件としているものを明示し、その制度的与件により「経済的進化の理論」(theory of economic evolution)の樹立を可能にし、史的唯物論と結びついて資本主義体制内に起きる変化を説明することができる点に優位があるとするのがランゲの考えであった。当時日本人の経済史や経済事情の研究が海外の研究者に注目されることは比較的早くからあった[27]が、経済理論的な研究が注目されることはほとんどなかったため、安井琢磨がランゲの論文を全訳するなど日本国内でも注目を集めた[28]。柴田はこうしたランゲの批評により「私が歩きはじめたこの道は正しい方向に向っている」という信念を強めることになった[29]。

3　一般利潤率をめぐって

柴田＝置塩定理

柴田は自身の「簡単化されたワルラス方程式」を使って次々にマルクス経済学上の論点に関する論文を発表していき、R・ルクセンブルクやL・v・ボルトキェヴィッチ、M・I・ツガン－バラノフスキーらの議論を検討すると共に、これらの議論に基づく国内の山田盛太郎や高田保馬の主張を批判している(30)。

こうした「簡単化されたワルラス方程式」を用いた柴田のマルクス経済学研究の中で最もよく知られているのは、「資本の有機的構成が高度化しても、資本家が技術選択において合理的である限り、一般利潤率の低下が起こることはない」とする「柴田＝置塩定理」である。

マルクスは『資本論』第三巻第三編で、資本の有機的構成（不変資本である生産設備の、可変資本である労働力に対する割合）が高度化していく（資本の中で生産設備の占める割合が増大していく）と、総資本に対する剰余価値（労働によって生み出された価値から生活に必要な価値を引いたもの、簡潔にいえば利潤）の比である利潤率は低下するとした。これに対しツガン－バラノフスキーやボルトキェヴィッチ、さらにポーランド出身の女性経済学者N・モシコーフスカはマルクスの主張とは逆に利潤率は上昇すると主張していた。柴田はこの問題についてツガン－バラノフスキーやモシコーフスカの論文を参考にしつつ「簡単化されたワルラス方程式」を用いて数値例による資本の有機的構成の変化に関する分析を行った[31]。その結果柴田は、資本家の行う資本の有機的構成の高度化（つまり新たな生産設備の導入）は、通常は技術進歩により生産費を低下させるために行われるため、技術進歩を伴う設備投資が行われていけばマルクスの主張とは反対に利潤率は上昇するとした。一九三五（昭和一〇）年の『理論経済学』上巻から引用すれば、柴田の結論は次のようなものであった。

其の生産方法の変化に因つて、其の変化の行はれる生産部門の生産物の価格が、結局、生産方法の変更の行はれざる生産物の価格に比して、低落する事になるやうな、生産方法の変化は、仮へ、それが資本の価格組成の高級化を来すやうなものであつても、必然的に、平均利潤率の上昇を来す。然るに、資本家が自発的に、資本の価格組成の高級化を結果するやうな生産方法の変更を行ふ場合には、それに依つて生産費を低下する為であり、従つて、斯かる生産方法変化が普及すれば、当該生産物の価格は低下する筈である。従つて、資本の価格組成の高級化其の事は、（資本主義経済の下に於いて支配してゐると考へられてゐる所の、）平均利潤率低下の原因ではなく、却つて反対に、平均利潤率の上昇を来すべく作用してゐるのである[32]。

柴田はこの結果を *Kyoto University Economic Review* に英語で発表し（"The Meaning of the Theory of Value in Theoretical Economics", *KUER*, Vol. 8, No. 2, 1933と"On the Law of Decline in the Rate of Profit", *KUER*, Vol. 9, No. 1, 1934）、現在ではこれらは数理マルクス経済学の古典的研究として認められている。戦後、置塩信雄（神戸大学教授）が柴田の主張は一般的に成り立つことを証明し[33]、現在では利潤率の低下傾向が成り立たないという柴田や置塩の批判は「置塩の定理」または「柴田＝置塩定理」として知られている[34]。

ただし、柴田や置塩の議論は経済主体が価格を所与として行動する新古典派経済学のモデルが前提とされている。マルクスの議論について、価格が所与ではなく販売量によって変化する不完全競争であり、販売量拡大を通じた規模の経済による費用低下と利潤増大を意図して新技術が採用され、結果として利潤率が低下していくという不均衡的な動学的過程と解釈すれば、マルクスの利潤率低下法則が全面的に間違っているとはいえないという点に留意する必要がある[35]。ともあれ、柴田が行った数値例を用いた計算が一般的に成り立つことが証明され、現在でもマルクスの主張の妥当性を考える上で避けることのできない定理になっているという事実は、柴田のモデルが優れたものだったことを示している。

モデルの洗練化

後のことになるが、柴田がハーバード大学に留学した際に親しくなった都留重人は一九三七

（昭和一二）年に柴田の「簡単化されたワルラス方程式」をより一般的な形（貨幣と二種類の消費財と二種類の生産財の五種類の財からなる体系）にまとめている[36]。柴田はこれ以降このモデルを使って説明しているため、柴田のモデルの洗練化に都留の影響があったことはほぼ間違いない。『マルクス経済学の歴史』を書いたM・C・ハワードとJ・E・キングはこの洗練化された柴田のモデルを「レオンチェフの投入・産出モデルのきわめて初期の事例」としている[37]が、恐らく都留はハーバード大学にいたW・W・レオンティエフが一九三六年に発表して大きな反響を呼んでいた産業連関表のアイデアを基に柴田のモデルを洗練化したと考えられる。

ただ都留がこのように柴田のモデルを洗練化したのは、柴田の「資本の有機的構成の高度化に伴う一般利潤率上昇」という結論を批判する意図のためであった。都留は価値の低下を伴い、しかも一般利潤率の低下をもたらす有機的資本構成の高度化があり得ることを数値例を用いて主張している。これに対し柴田は現実の資本主義経済では資本家は価値の低下ではなく価格の低下を目的として資本の有機的構成を高度化させるのであり、都留の挙げた例では価値が低下する一方で価格が上昇しており非現実的であると反論している[38]。戦後も都留は柴田に再反論しているが、置塩信雄は「実質賃金率wが一定のもとで、資本家の導入する新生産方法は、有機的構成を高めるものであっても、均等利潤率を低下させることはなく、上昇させる」という結論に関する限り、都留ではなく柴田の方が正しいとしている[39]。

柴田はこの洗練されたモデルで「資本の有機的構成の高度化に伴う一般利潤率上昇」という自

身の結論を水谷一雄（神戸商業大学）の協力により再確認するとともに[40]、価値と価格の問題を扱っている。第1章で見たようにもともと柴田は労働価値説については批判的であり、それゆえ交換価値が労働価値によって決まるという説明についても疑問を持っていた。

先づ第一に、吾々は、屡々マルキストが主張する様に、他の生産物によつてあらはされた或る生産物の交換価値は後者に含まれる価値量を前者に含まれる価値量によつて除したる商に等しいといふことを指摘するだけで交換価値の説明が終わつたと主張することは出来ない。何となれば、価値は客観的に掴み得るところのものではない、従つてそれ自身、何等かの客観的に掴み得るところのもの――即ち例へば個人的具体的労働――によつて説明されねばならぬところの一の実体であるからである。マルクスは、個人的具体的労働の社会的抽象労働への還元は個人的具体的労働を平均することによつて行はれてゐる、と説明した。しかしこの説明は不十分である。何となれば、この説明は如何なる平均方法によつてその平均がなされてゐるかを明かにしてゐないからである。[41]

それゆえ、柴田は洗練されたモデルを基に一般利潤率を求める方法を示し、次のように述べている。

吾々は……価値に触れることなしに具体的な実体、例へば生産一単位当りの生産に必要とせられる具体的な生産財と具体的な労働との量、即ち生産係数と実質労賃とを考慮に入れただけで価格及び一般利潤率に到達した。(42)

さらに価値に触れて推論する場合とそうでない場合とで同一の価格及び一般利潤率に到達するかが問題になるが、柴田は価格の価値からの乖離率を考えても元の方程式組織に還元できるため解は等しくなり、「価値に触れることによつて推論しても、そのことは価格及び一般利潤率に関する解には何等影響しないといふことを意味する」と結論している。(43) ハワードとキングは、柴田のこうした価格・価値・利潤率の関係に関する研究について、一九五七年のＰ・Ａ・サミュエルソンの結論(44)および一九六〇年代から七〇年代にかけてスラッファ派経済学者の到達した最も重要な結論の一つである「利潤率を導く上での価値の不要性」を先駆的に示していたと高く評価している。(45)

再生産表式及び一般均衡理論という国際的に理解しやすいツールを独自に改良し、大家の議論に対しても臆することなく挑み、積極的に海外に研究成果を発信した柴田は、世界的に認められた理論経済学者になったのである。

注

(1) 杉原四郎「河上肇の経済原論・経済学史研究」『杉原四郎著作集Ⅲ』藤原書店、二〇〇六年所収、二二三頁。
(2) 宮本又次『私の研究遍歴――商業史・経営史・郷土史』大原新生社、一九七八年、九三～九四頁。
(3) カッセル体系の詳細については池尾愛子『20世紀の経済学者ネットワーク――日本からみた経済学の展開』有斐閣、一九九四年の第6章を参照。日本における一般均衡理論の受容については池尾愛子『日本の経済学――20世紀における国際化の歴史』名古屋大学出版会、二〇〇六年の第3章を参照。
(4) 『新版増補　経済の法則を求めて』二一二頁。
(5) 同右、一一六頁。
(6) 「年譜」鹿島郁子・長坂淳子編『大道を行く　柴田敬追悼文集』一九八七年、四一八～四一九頁。
(7) 『新版増補　経済の法則を求めて』二二頁。
(8) 藤田宏二『線形経済学の世界――経済循環の理論』晃洋書房、二〇〇〇年、一三〇～一三三頁。
(9) 拙稿「高田保馬の価格論と勢力説」『経済論叢』第176巻第4号、二〇〇五年。
(10) 柴田敬「カッセル氏の「価格形成の機構」の吟味」『経済論叢』第30巻第6号、一九三〇年、六八頁。
(11) 同右、七五頁。
(12) 小泉信三「理論経済学界の収穫と展望」『中央公論』一九三一年一月号、『小泉信三全集』第9巻、文藝春秋、一九六八年所収、四七八頁。
(13) 安井琢磨「純粋経済学と価格の理論――レオン・ワルラスを中心として」『経済学論集』第3巻第9号、一九三三年、六二頁。なお柴田は『地球破壊と経済学』では『経済論叢』の論文が出てから「一年ばかりたって」(『経済の法則を求めて』では「一年ほどたって」)安井の論文が出たと述べているが、これは安井の書評論文「ユリウス・ノイバウエル「カッセルの価格理論」」『経済学論集』第1巻第8号、一九三一年と混同したものと思われる。
(14) 『線型経済学の世界』一三一～一三三頁。
(15) 柴田敬『地球破壊と経済学』ミネルヴァ書房、一九七三年、一〇八頁。
(16) 『新版増補　経済の法則を求めて』三一頁。
(17) 柴田敬「資本論と一般均衡論」『経済論叢』第36巻第1号、一九三三年。

(18) 同右、八〇～八一頁。

(19) 同右、八二頁。

(20) 同右、九七頁。

(21) 同右、九八頁。

(22) 櫻田忠衛「わが国最初の欧文経済学術雑誌 *The Kyoto University Economic Review* ――創刊と世界への発信」『調査と研究』第33号、二〇〇六年。

(23) Shibata, K., "The Subjective Theory of Value and Theories of the Value of Money", *Kyoto University Economic Review*, Vol. 6, No. 1, 1933および Shibata, K., "An Examination of Professor Cassel's Quantity Theory of Money", *Kyoto University Economic Review*, Vol. 7, No. 1, 1932。

(24) 都留重人「オスカー・ランゲを悼む」一九六六年、『都留重人著作集』第11巻、講談社、一九七六年、二二二～二二三頁。

(25) Lange, O., "Marxian Economics and Modern Economic Theory", *Review of Economic Studies*, Vol. 2, 1935.

(26) オスカー・ランゲ「マルクス経済学と近代経済理論」D. ホロヴィッツ編、名和統一訳『現代経済学とマルクス』筑摩書房、一九七四年、五九～六〇頁。

(27) 『本庄栄治郎著作集　第二冊　日本経済思想史』清文堂、一九七一年、一六八～一六九頁。

(28) 安井琢磨「ランゲ「マルクス経済学と近代経済理論」」『経済学論集』第5巻第11号、一九三五年。

(29) 『地球破壊と経済学』一三一頁。

(30) 柴田による一連のマルクス経済学研究については、西淳「柴田敬と高田保馬の転化論論争」『阪南論集　社会科学編』第39巻第1号、二〇〇三年、同「一般均衡理論とマルクス――柴田敬の経済学」『阪南論集　社会科学編』第47巻第2号、二〇一二年、同「柴田敬のマルクス研究――一般均衡論との総合に向けて」『日本経済思想史研究』第13号、二〇一三年を参照。

(31) 柴田敬「平均利潤論」『経済論叢』第36巻第2号、一九三三年、同「資本蓄積と資本の有機的構成の変化」『経済論叢』第37巻第4号、一九三三年、同「資本蓄積と資本の有機的構成の変化（二）」『経済論叢』第37巻第5号、一九三三年。

(32) 柴田敬『理論経済学　上』弘文堂、一九三五年、二四一～二四二頁。
(33) Okishio, N., "Technical Changes and the Rate of Profit", *Kobe University Economic Review*, Vol. 7, 1961.
(34) 根岸隆『経済学の歴史』東洋経済新報社、一九九七年、一〇四～一〇五頁。
(35) 同右、一〇六～一〇七頁。
(36) 都留重人「資本組織の有機的変化と平均利潤率との関係」『経済論叢』第44巻第6号、一九三七年、『都留重人著作集』第2巻所収。
(37) M・C・ハワード・J・E・キング、振津純雄訳『マルクス経済学の歴史（下）』ナカニシヤ出版、一九九八年、二〇八頁。
(38) 柴田敬「都留学士に答ふ」『経済論叢』第44巻第6号、一九三七年。
(39) 置塩信雄「生産価格・平均利潤率」都留重人・杉原四郎編『経済学の現代的課題』ミネルヴァ書房、一九七四年所収、四三～四四頁。
(40) 柴田敬、上村鎮威訳「資本主義経済理論」『経済学特殊理論（下）』（『新経済学全集』第3巻）日本評論社、一九四一年、「資本主義経済理論」三〇～四八頁。水谷は柴田の指摘したカッセル体系の問題点を克服しようとするワルトらの試みに一九三九年の時点で注目していた（置塩信雄・後尾哲也・安達和久「水谷博士――人と学説」『国民経済雑誌』第104巻第2号、一九六一年、九三頁）。
(41) 「資本主義経済理論」四頁。
(42) 同右、八頁。
(43) 同右、一〇頁。
(44) Samuelson, P. A., "Wages and Interest: a Modern Dissection of Marxian Economic Models", *American Economic Review*, 47, 1957.
(45) 『マルクス経済学の歴史（下）』三四七頁。

第3章　貨幣と景気循環

1　景気循環研究

長期波動分析

柴田は「簡単化されたワルラス方程式」を用いた分析を行いつつ、一方でもともと関心を持っていた貨幣と景気循環との関係について研究を続けていた。そこで手がかりとなったのが、「簡単化されたワルラス方程式」と同じくカッセルの研究であった。カッセルは、貨幣の価格は貨幣の数量によって決まり、貨幣の価値は一般物価水準の逆数であるため貨幣数量が一般物価水準を決めるという貨幣数量説を主張した。そして貨幣数量は金本位制の下では金の総額によって決まるとしていた。カッセルはまた、各国の通貨間の為替相場は各国の物価水準の比によって決まるという購買力平価説を提唱しており、つまり各国の貨幣数量が為替相場を決定するとしていた[1]。こうした主張は日本でも早くから知られており、貨幣数量説に批判的だった高田保馬[2]は各国の貨幣流通量と為替相場との関係に関する統計分析を行い、長期的に他の条件が一定であれば為替相場は各国の物価水準の比例に落ち着くにしても、実際は各国間の貸借関係などに為替相場が影響されるのでカッセルの購買力平価説は現実には成り立たないと批判していた[3]。

特に第一次大戦中に金本位制から離脱していた各国が金本位制に復帰するにあたり、カッセルの主張は国際的に注目を集めることになった。一九二二年のジェノア会議においてカッセルは、戦後の各国通貨の不安定性は金本制からの離脱が原因であるため速やかに金本位制に復帰しなければならないが、同時に旧平価での金本位制復帰は通貨を収縮させ不景気を深刻にするため、各国貨幣の国内購買力に基づく新しい平価で金本位制に復帰すべきであると主張した[4]。さらにカッセルは一九二六年にスウェーデンのボールベアリング会社からの依頼で日本円について分析し、日本は戦前の水準ではなく現在の水準に平価を切り下げて金本位制に復帰すべきであると提言しており、石橋湛山らの新平価金解禁論にも影響を与えていた[5]。さらに世界恐慌が始まると、国際連盟財政委員会の報告書がカッセルによる自身の貨幣数量説の実証研究に依拠していたこともあって国際的にカッセルの説をめぐり議論が行われるようになり、カッセルの貨幣数量説は日本の一般の新聞でも不況からの脱出法として紹介されていた[6]。

こうした中、柴田はカッセルの実証手法をより厳密なものにすることを試みた。柴田は、景気

循環論における キチン循環の発見で知られるＪ・キチンが、カッセルと同様に貨幣数量説に基づきつつ、カッセルが単に金総量の現在額を利用していたのに対し、貨幣用金の現在額を計算し、それにより物価水準と金の総額との密接な関係を示したことに刺激を受けた。また、Ｉ・フィッシャーの交換方程式 $MV=PT$（Mは貨幣ストック、Vは貨幣の流通速度、Pは物価、Tは一期間における財・サービスの取引量）から、貨幣ストックを意味すると考えられる貨幣用金の現在額（M）と物価（P）とが同時並行的に正常的な発展をしたことを示すためには、VとTもやはり同時並行的に増加したことを実証する必要がある。カッセルはTの値として小麦と銑鉄の生産量統計を用いていたが柴田はそれを不十分・不正確なものとみなした[7]。そこで柴田は貨幣数量説を実証するためにまずTの値を計算することを試みた。

柴田はＮ・Ｄ・コンドラチェフやＳ・クズネッツ、Ｅ・ワーゲマンの研究を参考にしつつ、財の生産消費量が多い状態を好景気と考え、一般的財の生産消費量の変動を見るために基礎的な財である銑鉄、銅、石炭、石油、小麦、綿花を基準として選んだ。そしてそれぞれを一九一三年の数値を基準とする指数とし、銑鉄と銅は同様のものなので重複を避けるためにその平方根を求め、小麦は農業関係及び増加率の少ないものの統計が少ないことを補うためにこれを自乗し、石油は一九一三年以後のみを考慮し、それと同年の石炭との積の平方根を求め、綿花と一九一三年以前の石炭はそのまま使用し、毎年のこれらの積の五乗根を求めるという形で総合財指数を求めた[8]。この指数を計算するには世界各国の財の時系列統計が必要になったため、柴田は亡父が残した財産の相当の部分を統計を作成するための資料収集に投入した[9]。その結果は、コンドラチェフがその存在を主張した五〇年の景気循環ではなく二〇年から四〇年の景気波動が見られるというものであった。

各国別に見、又、各項目毎に考察する時には、甚だしき乱調子を見るのではあるけれども、世界的全体的に考察する時には、一八五〇年頃から上向し始めて一八七〇年代の初め頃峯に達し、それから徐々に下向し始め、一八九〇年代の中頃を底として再び上向を始め、大戦の勃発を期として惨落した所の、景気の長期波動を、我々は、大体に於て看取し得ると言ひ得やう[10]。

景気循環研究の大家の篠原三代平（一橋大学教授）は、この研究を基にした柴田の長期波動分析（『理論経済学』下巻註二四）について現在の視点から見た問題点を指摘しつつも、「柴田氏の仕事は、戦前日本におけるこの方面［長期波動分析］の最初の努力であり、その手法からいえば、大げさかもしれないが、日本最初の"Kuznetsian"といってよいかもしれない[11]」と評価している。

貨幣的景気循環論

柴田はこうして得られた財指数を交換方程式のTに当てはめ、これで貨幣用金現在額（M）を割った（つまり$M/T=P/V$を求めた）ところ、この値の動きはカッセルやキチンの計算よりもはるかにうまくサウアーベック卸売物価指数（イギリスの代表的物価指数）の動きに合致した。実際に計測された物価指数をPとするのであれば、Pの動きとP/Vの動きが合致するということはVが一定であるということになる。「上述の研究が若し大体観察として大過なきものであるとするならば……Vは当該期間に於て大体に於て不変であつた筈である」[12]。柴田はVの値（PT/M）を計算したところ、それが長期にわたりほぼ一定であるという結論に達した[13]。柴田は後に、この発見を「金基底率一定の法則」と呼んでいる。また、フィッシャーの交換方程式$MV=PT$とA・マーシャルの現金残高方程式$M=kPY$（Yは実質GDP、kはマーシャルのkと呼ばれる比例定数）とを比較し、一期間における財・サービスの取引量と実質GDPは等しいもの（$T=Y$）とするならば$1/V=k$であるため、「世界経済のマーシャリアンk」が世界貨幣と世界所得との比例関係にあるという形でも表現している[14]。

以上のような柴田の長期波動分析の結論は「物価の長期変動と貨幣用金現在額の変動との間に、カッセル教授やキチン氏によつて示されたよりも、もつと近接的な並行関係がうかがはれる」[15]というものであり、さらに柴田は特に金生産量が物価変動に影響を与えていると主張した。

統計資料にして大過無く又それについて我々の要求せし条件を叶へるものであるならば、而して、一現象に対する諸作用因体系のうち自ら異常に動けるものを以てその原因と呼ぶとするならば、我々は上述の研究によつて、一八五〇年乃至一九一〇年間の物価の長期変動の原因は、結局、主として、金生産事情の変化である、と結論し得るであらう。又、物価騰貴の場合には企業利潤は比較的大であり、資本主義的生産方法の支配せる所に於いては企業利潤が大であるほど生産活動も大である、と言ふ事は容易に推論し得られる所であるから、統計資料と原因概念とに関する上述の約束の下に於て、我々は、一八五〇年乃至一九一〇年間の長期景気変動の原因は、結局、主として、金生産事情の変化である、と結論し得るであらう。(16)

一九二九年のニューヨーク株式市場の大暴落を契機として世界恐慌が始まり、日本では一九三〇(昭和五年)の金解禁以降昭和恐慌が深刻さを増していたが、柴田は早くも翌一九三一年六月の論文「依然たる物価の低落」で物価の低落要因である「金貨率の異常的減少による膨張通貨」は「大体消滅」し、残るのは「景気変動の堕(原文ママ)性である」と分析していた。(17) そして一九三二年七月の論文「長期景気波動と世界恐慌」(18)および「世界不況の底」で世界恐慌の底入れを予言した。(19)

本稿の取扱ひ得たる所は、一九三〇年までの資料である。而も一九三〇年に於ける物価指数は、……一〇%乃至一四%だけ相対的貨幣用金量を上廻つてゐるに過ぎない。然るに一九三一年には、一方では、生産界はさしたる増加をしたとは思はれず、寧ろ多少の減少を示したかと想像され、且つ金の生産はさしたる減少をなしたとは思はれず金の工業用消費はさしたる増加をなしたとは思はれず、従つて貨幣用金量には相当の増加があつたはづであるから、相対的貨幣用金量は多少高くなつてゐると思はれるのに、他方では物価は依然低落を続けたのである。して見れば、相対的貨幣用金量と物価とは余程接近したはづであり、或は寧ろ前者が多少後者を上廻る事になつてゐるかも知れない。して見れば、物価低落を強いつつある根本的事情は取り去られたはづである。[20]

柴田はこうした貨幣的景気循環研究をカッセルの貨幣数量説批判と合わせて英語論文にまとめ、*Kyoto University Economic Review* に掲載した（"An Examination of Professor Cassel's Quantity Theory of Money", *KUER*, Vol. 7, No. 1, 1932）。同論文はやはり海外で注目され、G・F・ウォーレンとF・A・ピアソンの一九三五年の著書『金と価格』に参考文献として挙げられている。[21] 後にこうした研究をまとめた『理論経済学』下巻で柴田は「貨幣が特殊の経済攪乱作用を為す事を認め、其の特殊の経済攪乱作用に依つてはじめて景気変動が必然的ならしめられる、と説明する所の説は、貨幣的景気説乃至金融的景気論と呼ばれる。本研究に於いて私の展開せんとする所は、景気変動論の関する限り、正に此の貨幣的景気論である。[22]」と、貨幣的景気循環論の立場に立つことを明言した。

篠原三代平はこうした貨幣的景気循環分析を行った柴田について「三〇年代の大不況の発生と消滅に対して、貨幣説の立場から効果的な予言を試みたという点で、注目すべき Friedmanian であったともいえる[23]」と評価している。

2 『理論経済学』

柴田の授業

柴田は一九三六（昭和一一）年に留学に出発するまでは京大経済学部で基本的に特別講義と外国経済書講読を担当していた。後に日本経済史研究の大家になる宮本又次（戦後大阪大学教授）は、経済学部三回生のときに受けた柴田の外国経済書講読ではD・リカードウの著作がテキストだったが、講読というよりも「よりすすんだ一種のゼミナール形式のもの」であり、青山秀夫（のち京都大学経済研究所所長）がしばしば柴田に質問をして激しく対決していたと回想している。[24]

柴田の特別講義は「資本主義経済理論研究」「資本主義の研究」などといった題目であったが、学生にはかなり難解だったようである。蜷川虎三ゼミにいた内海庫一郎（のち北海道大学、武蔵大学教授）は、一九三四年に柴田が行った講義を受講したが、いくら聞いても理解できないので途中で受講をやめることにした。最初の受講生は二五〜六人いたものの内海が出なくなる頃には十人程度になっていた。後年になり内海は、その授業の聴講生は最終的には栗林四郎（のち京都銀行頭取）と安井謙[25]（のち参議院議長、自民党最高顧問）の二人だけになり、柴田が「よく終わりまで聞いてくれた」と言って二人にご馳走してくれたと栗林から聞かされた。[26]なお、当時柴田は京都の川端警察署から自分のところに出入りする左翼学生について警告を受けると、学生に「何か誤解を受けるようなことをした覚えはないか」と尋ねて誤解の原因を突き止め、川端署に釈明することで警察の手が直接学生に及ぶのを防いでいたが、その学生の一人が安井だったとしている。[27]

『理論経済学』上巻

柴田は一般均衡理論や景気循環の研究のほか、労働組合などの社会的勢力により市場の均衡賃金よりも賃金が上昇すると賃金所得総額はかえって減少するというベーム－バヴェルクの見解を批判する[28]など、幅広い問題に取り組んでおり、自分の研究成果をそのまま講義していたことが学生にとっての難解さの理由だったようである。また一九三四（昭和九）年には高田保馬や作田荘一、石川興二らと共に日本経済学会創立時の会員になる[29]など経済学界で一定の地位を占めるようになった。研究をまとめて本にするように弘文堂の二代目社長の八坂浅太郎に勧められた柴田は、一般均衡理論を現在でいうミクロ経済学の理論、貨幣の交換方程式を現在でいうマクロ経済学の理論と考えていた[30]ため、「簡単化されたワルラス方程式」を使って様々な場合について厳密な計算をする一方で「カッセル流の考え方に従って経済の全体が貨幣用金の供給額によって制約されている、ということを考慮に入れれば、すばらしい経済理論体系ができるだろう」という夢を持って原稿を書き進めた。[31]結果として膨大な量になった本は上下巻に分けられ、五百ページを超える『理論経済学』上巻は一九三五（昭和一〇）年八月に刊行された。柴田は「序」において、新しい理論経済学への抱負を次のように語っている。

惟ふに、理論経済学の発展の必要が、今日ほど痛切に感ぜられたる事は、恐らく歴史に多く其の類例を見ないであらう。凡ゆる事象が、経済を中心として、急角度に変転しつゝある。其の変転の、経済的意味を究明し、帰趨を看破する、の任に堪える理論経済学を渇望する声は、世に充ち満ちてゐる。それを惟ふ時、此の余りにも未熟なる研究を、而も、理論経済学の名の下に、発表する事は、心苦しき極みである。本書は簡略を期せんが為に、単に理論経済学と題すると雖も、実は、理論経済学の素描又は初歩的研究とでも呼ばるべきもの、に過ぎない。此の小著を発表するに際し、私の偏へに希ふ所は、卑見を一度び客観化する事に依つて、先覚の批判を受け、それに教へられつゝ、独力では恐らく達し得ざるべき、進みたる、理論経済学に、一歩でも近附かん事である。[32]

『理論経済学』上巻の主要な目次は次の通りである。

一　序論

第一章　方法論

第二章　商品
第三章　貨幣
第四章　資本――序説
二　生産論
第一章　序説
第二章　所得決定論
第三章　生産連繫論

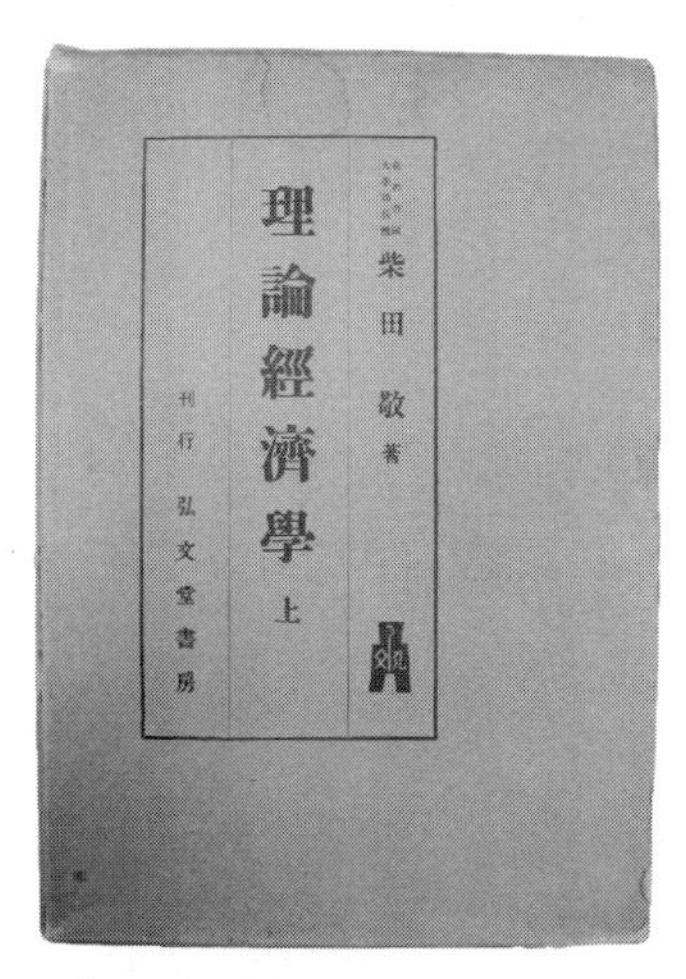

『理論経済学』上巻（1935年）

また柴田は「序論」の最初で次のように書いており、資本主義の問題点を究明して解決策を見出すことを目指す柴田の問題意識が表れている。

今日、資本主義経済の下に、人類は、国民は、幾多の空前の悩みに苦しんでゐる。此の悩みは抑も何故に起らねばならないのであるか、それを取り除くべき力は何處にあるのであるか、それこそ、究明せられねばならない問題であり、本書は、私の、其の究明過程の、第一歩を構成するものである。[33]

特に「二　生産論」では「簡単化されたワルラス方程式」を用いたこれまでの柴田の研究（第2章参照）がまとめられているが、本文よりも註が極めて詳細であるのが『理論経済学』の特徴である。

『理論経済学』上巻は二ヶ月後に再版されるなど学界の注目を集めたが、その評価は様々だった。中山伊知郎（東京商科大学）は新聞上での書評で、一般均衡理論とマルクス経済学を総合しようとする柴田の意図を高く評価すると共にその実現可能性には懸念を表明した。

著者のこの企図はおそらくは一般に現代の理論経済学に課せられたる重要な課題であろう。また本書に示された理解と精力は、著者がこの重要な課題に対する最適の一人たることを証明するに十分である。われわれは著者と共にここに踏み出された大なる総合への第一歩が、見事なる成果をもって大成すべきことを期待し、希望するものである。しかし同時に、われわれがここに問題となれる二つの理論体系の広さと深さとを思い浮かべるならば、著者の試みがいかに困難な仕事であるかは、容易に理解せられるはずである。[34]

宮田喜代蔵（神戸商業大学）は「〔柴田〕学士が従来の学説を吟味するに当つての周倒（原文ママ）にして峻厳なる態度と、自己の見解を主張するに当り常に深い論拠をもつて基礎づけんとする努力が読む者に強く迫るのを覚える」と評価しつつ、生産論と流通論とを区別することの妥当性や所得決定論と生産連繋論が生産論の内容であるべきかといった問題については下巻の公刊を待ちたいと評価を留保した[35]。古屋美貞（同志社大学）は『理論経済学』上巻の内容を高田保馬の研究と比較して「その学風、論陣のはりかた、得意の数学的エッキスカーション、資料の吟味等々に至る迄、マアこれ程よく似るものかと驚く程、小高田は大高田の相続者である」と皮肉りつつも、「何者にも囚はれない学徒にとつては正に検討すべき理論分野であらう」と全体的には好意的な評価を行つた[36]。

一方、河上肇門下の宮川実（立教大学）は「資本主義に内在する基本的矛盾を抹消した一般均衡方程式体系によつて、この矛盾の経済に他ならぬ資本主義の運動が把握されるであらうか」と疑問を投げかけた[37]。当時東京帝国大学経済学部助手だった田中精一[38]は、均衡論的方法論は独特なもので任意に他の学派の体系と結びつくことのできないものであるとし、「まして、マルクス的体系は、正にこれと対蹠的関係にさへ立つのであるから、この両者は、二者択一の関係に立ちこそすれ、調和することは絶対に不可能である筈である」と柴田の試みを全否定している[39]。

『理論経済学』下巻

上巻と同様に五百ページ近い分量の『理論経済学』下巻は二・二六事件直後の一九三六（昭和一一）年三月に刊行された。下巻序には、現実問題への強い関心と理論研究の間で揺れ動く柴田の姿が良く見て取れる。

非常時の嵐の中に、私は、静かに、本研究の想を練り、稿を纏め、漸く今、戒厳令下に帝都の守備固まるとの報を手にしつゝ、此の下巻を世に送るに至つたのである。変革の只中に今更斯かる抽象理論でもあるまいとも考へさせられ、又、時勢への関心を断念し得ずして学問研究でもあるまいとも考へさせられつゝも、又、変革の時なればこそ真に沈思黙考を要するのであり、時勢への関心を有すればこそ断乎として理論研究を為すを要するのである、と思ひ直して来たのである。(40)

『理論経済学』下巻の主要な目次は次の通りであり、これに上巻の「補遺及び修正」および「人名文献索引」がある。索引を作成したのは高田保馬ゼミ出身で柴田が自分の教え子のように親しく接していた飯田藤次(41)（当時京大経済学部講師）である。

三　流通論
　第一章　序論
　第二章　商品流通論
　第三章　貨幣流通論
四　結論

特に「第三章　貨幣流通論」はこれまでの柴田の貨幣的景気循環論研究を利用したものである。しかし柴田自身は下巻の最後まで書き進めた結果、「こんなことをやってみたところで資本主義経済の本当の運動法則はわからない」と落胆することになる。「結論」で柴田は次のように自身の研究の限界を吐露している。

　生産関係体系の此の変遷の過程に就いては、総べての生産関係体系の変遷に共通なる一般法則と共に、それぞれの特殊の生産関係体系の変遷の過程のみに特有なる特殊法則が、看取される筈であるが、従つて、現存生産関係体系の変遷の過程は、それ特有の特殊法則と右の一般法則との結合として理論的に把握出来る筈である。然るに本研究に於いては、自らの能力の限界の故に、右の一般法則を確立するを得ず、従つて、現存生産関係体系に特有なる特殊法則と右の一般法則との結合としてそれの変遷の過程を把握するを得なかつたのである。本研究に於いては、僅に、現存生産関係体系の変遷の過程の法則だけを問題にし得たに過ぎない。[42]

一方で『理論経済学』の後半において、柴田は資本主義は没落すると明確に予測している。第三章の終わりでは金融資本主義の進展が貨幣流通を攪乱し景気圧迫につながるとしている。

資本主義経済は、それが進むに連れて、次第に金融資本主義化するものであるが、其の事は、一方では、……企業結合を促進する事に依つて、貨幣の媒介を要する取引を相対的に縮小し又貨幣の滞留期間を短縮し、其れだけ貨幣流通事情の経済に対する束縛を取り去り、其れだけ景気上昇の事情をヨリ豊富にするのであるが、他方では、景気転落時代に於ける不良貸の整理を不充分にし、景気圧迫事情の清算を遅らして不況を永続せしめ、又、景気好転期に於ける金融機関相互の貸出競争を少くして景気好転を遅くする。殊に、資本的支配網が、ヨリ複雑になるに連れて、資本相互の紛争は結局世界的規模の大戦争に転化する傾向を持つに至り、其の度毎に貨幣流通の大攪乱を見る。此の貨幣流通の大攪乱は、結局、平価切下に依つて収拾されねばならないのであるが、其の事は、「金の退蔵」への誘惑として作用し、其れだけ貨幣用金の名目的流通速度の増加を妨げ、其れだけ景気圧迫の事情を増す。[43]

つまり資本主義の発達に伴って貨幣流通が増加することは景気上昇期には好都合であるが、不景気になると不良債権処理を遅らせて不況を長引かせる。また金融資本主義は帝国主義につながり世界戦争を引き起こし貨幣流通を攪乱させる。最終的に貨幣流通の拡大は結局金平価の切り下げに依らなければならないが、それは金を保有することによる利益を増やすため金の退蔵への誘惑が起こり、貨幣用金が流通しなくなってますます景気が圧迫される。こうした認識から資本主義の没落を予測した柴田は結論において、このように行き詰まっている資本主義経済が「新しき生産関係」へと移行しつつあると主張する。

斯くして、資本主義経済は、それが進展するに連れて、従来それが其の下に行はれ来つたところの、其の資本主義的生産諸関係、とは異つたところの生産諸関係を孕み、斯かる新しき生産諸関係は、今や、漸く資本主義的生産関係体系自体を破つて新しき生産関係体系を作らんと、してゐるのである。[44]

資本主義的な生産関係体系は「相互主義的なるもの」である一方、それは資本主義の没落に伴い「比較的共同主義的に」あるいは比較的個人主義的になるとする。[45]「相互主義」「共同主義」は恩師の作田荘一が自身の国家論で使用していた言葉であり、後述するように柴田は留学から帰国後に新体制運動に加わった際にしばしばこの言葉を使うことになる（第5章参照）。『理論経済学』の「結論」にはその後の柴田の進路が暗示されていたといえる。

なお『理論経済学』上巻に厳しい批判を行った田中精一はこの下巻についても、同書は全くマルクスの体系とはかけ離れたものであり、「一体氏の経済学に「生産」があつたか否かを問ふ時、我々はいくら「よく読」んでも、少くともマルクス的と思はれる「生産」は、何處にも見出し得ないであらう」「本書下巻は氏の体系を了解するのに役立ち得たが、その役立ちは、氏の体系が、その外貌上に於けるマルクス的傾向を取り去れば、正に均衡論的体系そのものであることを示すといふ一点へ、凝集するのである」と厳しい批判を投げかけている(46)。

作田荘一の忠告

柴田は『理論経済学』下巻の最後の部分の校正を留学に旅立つ日の朝二時までかかってようやく終えた。出発の日、京都駅のホームに見送りに来た作田荘一は、柴田に「君が今度書き上げた『理論経済学』は、学界のパスポートとでもいうべき学位を得るのには役立つだろうが、博引傍証を重ねても、現実の経済の運動法則は把握できないし、国家の指針決定に資する本当の経済学は樹立できない。外国に行ったら、何よりも古蹟や博物館や美術館や貧民窟などを見学し、日々の新聞を読み、それらを通して歴史を具体的に理解し直しつつ、史眼を養うことを心がけ給え」とアドバイスしたという。柴田は留学から帰国した後の一九三九（昭和一四）年二月、『理論経済学』が「第一巻では生産論を第二巻では流通論をローザンヌ派の数式を利用しながら従来のローザンヌ学派的な形式理論に所謂曾ての古典派の如き生命を持たしめ、然も古典派の到達点を突破せんと試みられたもので、固定資本と利潤率低下、資本主義行詰と再生産様式、価値論等の問題に新生面を開かんとしたもの[47]」と評価され経済学博士を授与される。しかし自分自身にとっては失敗作だと考えていた柴田は作田の言葉を「重大なヒント」であると感じ[48]、「本当に身にしみた[49]」と回想している。柴田は挫折感とこれまでの研究への反省と共に欧米への留学に出発した。

注

（1）宮田亘朗「カッセルの購買力平価説」『香川大学経済論叢』第57巻第3号、一九八四年。
（2）拙稿「高田保馬の価格論と勢力説」『経済論叢』第176巻第4号、二〇〇五年。
（3）高田保馬「為替価値に関するカッセル説に就いて」『経済論叢』第8巻第2号、一九一九年。なおカッセルは貨幣購買力説はあくまでも理論的な為替相場を説明するものであるとし、二国間の関税障壁や輸出商品価格と国内の一般物価水準との乖離、資本移動、通貨の信用性、インフレーションやデフレーションによって現実の為替相場は理論的為替相場から乖離することを認めていた（紺井博則「G・カッセルの購買力平価説と「管理通貨」論」『経済学研究』（北海道大学）第26巻第3号、一九七六年）。
（4）小川福太郎「世界的貨幣問題とカッセル教授の学説」『経済論叢』第16巻第4号、一九二三年。
（5）池尾愛子『日本の経済学――20世紀における国際化の歴史』名古屋大学出版会、二〇〇六年、五八～六〇頁。
（6）「世界的不況の正体と其対策　貨幣価値の安定を説くカッセル氏」『東京日日新聞』一九三〇年八月三一日。
（7）柴田敬「カッセル教授の貨幣数量説の実証の吟味」『経済論叢』第33巻第5号、一九三一年、九〇頁。
（8）柴田敬「長期景気波動について」『経済論叢』第34巻第1号、一九三二年、一二一～一二三頁（『経済論叢』表紙の題目は「長期景気波動の研究」になっている）。
（9）『新版増補　経済の法則を求めて』一二六頁。
（10）「長期景気波動について」一二三頁。
（11）篠原三代平『世界経済の長期ダイナミクス――長期波動と大国の興亡』ＴＢＳブリタニカ、一九九一年、一一四～一一五頁。
(12)「カッセル教授の貨幣数量説の実証の吟味」九二頁。
(13) Shibata, K., "An Examination of Professor Cassel's Quantity Theory of Money", *KUER*, Vol. 7, No. 1, 1932, p. 68.
(14)『新版増補　経済の法則を求めて』二六頁。
(15)「カッセル教授の貨幣数量説の実証の吟味」九七頁。
(16) 柴田敬「長期景気波動と世界恐慌」『経済論叢』第34巻第3号、一九三二年、一一一頁。
(17) 柴田敬「依然たる物価の低落」『経営と経済』第2巻第2号、一九三二年、五一頁。
(18) 柴田敬「世界不況の底」『経営と経済』第3巻第4号、一九三三年。
(19)『新版増補　経済の法則を求めて』では「カッセル教授の貨幣数量説の実証の吟味」で底入れを予言した（二九頁）としているが同論文にはそのような記述は無い。英文の"An Examination of Professor Cassel's Quantity Theory of Money"では"we may say that the basic circumstances underlying the depression of prices have been largely eliminated."（p. 76）、"the downward trend of prices is bound to come to a full stop."（p. 77）と明確に物価の下落傾向の底入れを主張している。
(20)「長期景気波動と世界恐慌」一一九頁。
(21) Warren, G. F. and F. A. Pearson, *Gold and Prices*, John Willey and Sons, Inc., 1935, p. 117.
(22)『理論経済学』下巻、八三八頁。
(23)『世界経済の長期ダイナミクス』一二一頁。
(24) 宮本又次『私の研究遍歴――商業史・経営史・郷土史』大原新生社、一九七八年、一〇四頁。
(25) 安井謙は一九三一年に京大経済学部に入学し柴田のほか蜷川虎三、谷口吉彦のゼミに参加した（安井謙『ほどほど哲学　私の履歴書』日本経済新聞社、一九八五年、三九頁）。
(26) 内海庫一郎「小さな一つのエピソード」『大道を行く』一三二頁。
(27)『新版増補　経済の法則を求めて』一一三頁。
(28) 柴田のベーム－バヴェルク批判は柴田敬「自由主義の論拠」『経済論叢』第40巻第1号、一九三五年、その評価は根岸隆『経済学史二四の謎』有斐閣、二〇〇四年の第18章を参照。

(29) 日本経済学会編『日本経済学会75年史――回顧と展望』有斐閣、二〇一〇年、三七頁。

(30) 柴田敬「一般的均衡体系と交換方程式」『経済論叢』第33巻第3号、一九三一年。

(31)『新版増補　経済の法則を求めて』三六頁。

(32) 柴田敬『理論経済学』上巻、一九三五年、序一～二頁。

(33)『理論経済学』上巻、一頁。

(34) 中山伊知郎「京大経済学部助教授　柴田敬氏『理論経済学』」『大阪朝日新聞』一九三五年九月二四日、『中山伊知郎全集』第1巻、講談社、一九七二年所収、五六四頁。

(35) 宮田喜代蔵「柴田敬氏著『理論経済学』」『国民経済雑誌』第59巻第6号、一九三五年、一四一頁。

(36) 古屋美貞「柴田敬氏の大著『理論経済学』を読む」『京都帝国大学新聞』一九三五年一〇月二六日。

(37) 宮川実「経済学　旧派理論の建直――新興経済学の論争（回顧と展望――社会科学）」『帝国大学新聞』一九三六年一月一日。

(38) 田中精一は東京帝国大学経済学部で田辺忠男に学ぶ。E・レーデラー『景気変動と恐慌』の翻訳を行い、戦時中は大政翼賛会企画局経済組織部副部長や中央物価統制協力会議理事などとして経済統制に関与する。戦後は立教大学教授を経て高崎経済大学教授・学長になったが一九七六年に自殺している（『読売新聞』一九七六年九月一六日朝刊社会面）。

(39) 田辺忠男・田中精一「均衡理論に関する二著作――柴田敬氏「理論経済学」上。中山伊知郎氏「スミス、国富論」『経済学論集』第6巻第3号、一九三六年、一二二頁。

(40) 柴田敬『理論経済学』下巻、一九三六年、序一頁。

(41) 飯田藤次は後に東亜研究所を経て外務省に移り、ガーナ大使などを務めた。現在ではG・ケナン『アメリカ外交五〇年』の共訳者として知られる。

(42)『理論経済学』下巻、九七一頁。

(43) 同右、七八六頁。

(44) 同右、九七二頁。

(45) 同右、九七二〜九七三頁。
(46) 田中精一「柴田敬氏「理論経済学」下」『経済学論集』第6巻第7号、一九三六年、一七六〜一七七頁。
(47)「柴田助教授に学位──論文は「理論経済学」」『京都帝国大学新聞』一九三九年二月五日。
(48)『地球破壊と経済学』一三五頁。
(49)『新版増補　経済の法則を求めて』三八頁。

第4章　シュンペーターとケインズ

1　シュンペーターに学ぶ

シュンペーターとの出会い

柴田が留学に出発する五年前の一九三一（昭和六）年一月、シュンペーターが来日した。当時ボン大学教授だったシュンペーターは一九三〇年秋から年末にかけて渡米してハーバード大学で客員教授として講義した後、ドイツに帰国する途中に日本に立ち寄った[1]。東京で荒木光太郎[2]（東京帝国大学農学部、のち経済学部教授）や中山伊知郎、東畑精一（当時東京帝国大学農学部助教授）ら旧知の人々と会ったり東京商科大学、日本工業倶楽部、東京帝国大学で講演した後、二月六日に特急列車で神戸に移動した。翌日神戸商業大学における最初の講演を行い、翌八日に神戸を出発して京都で高田保馬、柴田、小島昌太郎（京都帝国大学経済学部教授）に出迎えられた。

シュンペーターの京都見物では経済原論講座の主任教授の高田と講師の柴田が接待役をすることになったが、実際の案内は柴田が行い、御所、二条城、西本願寺、将軍塚、西陣の織物工場を見学した。柴田はシュンペーターと後述するような経済学の議論をしたいと考えていたが実際にはなかなか議論をする時間がなかった。例えば京都御苑内の仙洞御所では、ボン大学教授のシュンペーターは日本国内の官僚制における高等官待遇とされて御所の殿上に上がることが許されたが、まだ講師で高等官の下の判任官だった柴田は門前で待つことになった(3)。また西本願寺の書院では小僧の説明を柴田が次々に英訳しなければならなかった。柴田によればシュンペーターは書院内の屏風絵に特に興味を持ったが、突然「この屏風絵と次の屏風絵とは筆が違う。小僧さんの説明は間違いではないか、聞き直してほしい」と言いだし、小僧の再度の説明にも納得せず、「誰かもっとわかる人を連れてきてほしい」と催促した。やがて老僧が出てきて説明し直すと、二枚の屏風絵のうち一方は何かの事件の際に損傷し、修復されたものであるということであり、柴田はシュンペーターの「眼識の鋭さと教養の深さ」に改めて感服した(4)（ただ実際には屏風絵ではなく狩野派と円山派の障壁画の画風の違いについて指摘した可能性が高い(5)）。夜には京都帝国大学経済学部によるシュンペーター歓迎会が楽友会館で開かれ、「私はマルクスの搾取の理論と同じ搾取の理論をもっている。マルクスは搾取に反対したけれども、私は搾取を是認する。なぜなら、搾取がなかったらどうしてあの二条城の美術はできたか」とマルクスの搾取論を皮肉ったという。

すべての京都での日程を終えた後、京都駅の待合室で列車の待ち時間を利用して柴田はシュンペーターと議論を始めた。柴田はシュンペーターの理論に二つの疑問を抱いていた。一つはシュンペーターが静態には利子が存在しないとしていたことである。シュンペーターは『理論経済学の本質と主要内容』（一九〇八年）においてベーム－バヴェルクの資本利子論を批判し、次いで『経済発展の理論』（一九一二年）において資本利子は革新的企業者の新結合の結果として生じる現象であるとしていた[6]。柴田はシュンペーターをオーストリア学派の経済学者だと考えていたため、オーストリア学派の代表的な経済学者であるベームの資本利子論（現代の限界生産力による利子の説明とほぼ同じ）をなぜ否定するのかがわからなかった。なお柴田がこうした疑問を抱いた背景としては、柴田の上司であり論争相手でもあった高田保馬が当時シュンペーターと同様に「利子はたゞ動態に於てのみ存立し得る事象を認められる[7]」と主張していたことも関係していると考えられる。

もう一つの柴田の疑問はシュンペーターの「貨幣に主観価値なし」とする主張についてであった。シュンペーターは一九一七年の「社会生産物と貨幣計算」で、貨幣の価値を決めるのは主権国家であるとするクナップに近い立場の貨幣指図証券説に立っていた[8]。これに対し大学院生のころから貨幣を研究していた柴田は、貨幣は歴史的な存在であり「言葉のようなもの」であるため、ミーゼスの議論を参考にして「貨幣の主観価値函数は、当該貨幣社会以前に於けるそれの購買力……を基礎として成立し得る[9]」、つまり貨幣の現在の主観価値の基礎は貨幣の過去の購買力にあると考えていた。

柴田はシュンペーターと終列車まで議論したが決着はつかず、神戸に帰る際にシュンペーターは「神戸［商業］大学で議論を続けよう」と言った。翌日から柴田は神戸商大に通い、他の研究者や学生の参加するゼミでシュンペーターと議論を続けた。しかし柴田がこの点だけは理解してもらったと思って翌日シュンペーターに再確認すると、シュンペーターは元通りのことを論法を変えて繰り返し、再び議論になるということが続いた。柴田は一〇日に高田のほか田中金司・丸谷喜市・早川三代治が加わった晩餐に参加したが、その後高田は柴田の貨幣に関する質問を中心に午後一〇時半までシュンペーターと議論している。なお柴田は翌一一日に田中と共にシュンペーターを奈良に案内している。

ただ、柴田はシュンペーターと長く接し議論を続けたものの、最終的に「ものわかりの悪い、石頭みたいな人だ」と思い、高田保馬と神戸のトアホテルに別れの挨拶に行った際（一二日か）、シュンペーターから「君はいずれ留学することになるだろうが、その時には私のところへきたまえ」と言われたが、ただの挨拶だろうと思いその時は余り気に留めなかった。しかし高田が一四日にシュンペーターと門司で最後に会った際、シュンペーターは高田に対して「柴田をなぜ講師のままにしておくのか。何か特別の理由でもあるのか」と詰問するような口調で聞いたという。それを高田から聞かされた柴田は、シュンペーターが「いろいろと論法を変えて私と議論されたのは、私の力を試そうとしたのかもしれない」と思い、留学の際にシュンペーターのところに行くことを考えるようになった。間もなく（一九三一年八月）柴田は講師から助教授になったが、この昇進にシュンペーターの言葉が役だったのかもしれないと柴田は回想している[10]。

シュンペーターからの教え

柴田は一九三六（昭和一一）年三月に神戸から日本郵船の客船大洋丸に乗り込んでアメリカに向った。柴田は「家内にも世界を見せ、有名な学者にも会わせ、世界的な視野を身につけてもらいたいと思った。そして、それを子供の教育に役立たせてもらいたいと思った」ため、三人の子供を恭子夫人の実家に預けて夫人と共に留学に出発した[11]。柴田は一九三二年からシュンペーターが教授を務めていたハーバード大学に行くため留学国をイギリスからアメリカに変更していたが[12]、『理論経済学』の執筆に没頭していた柴田はシュンペーターがハーバード大学に現在いるのかどうか確認したりシュンペーターに手紙を書くことをしていなかった。そのため不安に思った柴田は船上からシュンペーター宛に電信を打ったところ、翌朝「cordially welcome（心から歓迎する）」という返信が届き安心することになった。

船がサンフランシスコに着くと柴田は近くのスタンフォード大学を一日だけ見物してボストンに直行し、シュンペーターに電話したところ翌日にシュンペーターは大きな花束を持って柴田のホテルを訪れた。柴田によれば船上からの電報を読んだシュンペーターはサンフランシスコやシカゴの日本領事館に柴田が立ち寄った際に連絡できるように手配したり、自分の研究室にベッドを入れて柴田が宿泊できるように準備していた。シュンペーターは柴田が夫人を伴ってきたことにも細々と気を遣い、おかげでホテルの待遇も変わったという[13]。シュンペーターは柴田の訪米を大変喜んだが、「実は今、景気循環の研究に没頭していて、その最後の仕上げにかかっている。せっかく来てくれたけれども十分な時間をとって君と討論することができないし、君のお世話をすることもできない。それで、この人に君の世話を頼んでおいた」と言ってハーバード大学大学院の俊才だという「ツル」という東洋人を紹介した。柴田がタイあたりの人かと思い英語で挨拶すると「私は日本人です」といわれた。それが都留重人だった[14]。都留は一九三〇（昭和五）年の反帝同盟事件（日本共産党の外郭団体である反帝国主義民族独立支持同盟日本支部準備会創立を受けて設立された反帝同盟八高班のメンバーが治安維持法違反で検挙された事件）で第八高等学校を除名になった後渡米し、ウィスコンシン州のローレンス・カレッジを経て一九三三年にハーバード大学に転学して一九三五年に卒業、そのまま同大学大学院に進学していた[15]。

シュンペーターは当時『景気循環論』（一九三九年刊行）の最後の仕上げをしていた時であったが、毎週少なくとも二日、午後の二、三時間を確保して柴田の相手をしてくれた。柴田とシュンペーターはボストンを流れるチャールズ川のほとりで散歩したり、柴田のアパートやハーバード大学のファカルティクラブで議論した[16]。しかし柴田の最大の関心事である「簡単化されたワルラス方程式」をどのように活用したら資本主義経済の運動法則がつかめるようになるかについては、シュンペーターからも解答らしい解答は得られなかった。柴田は「先生は『経済発展の理論』

をお書きになってから後は、理論的にちっとも発展されていないようにみえますが……」といった意地悪な質問をして解答を引き出そうとしたがうまくいかなかった。

結局、柴田は理論研究ではシュンペーターから多くを学ぶことはできなかったが、三つの重要なことを教えられたとしている。一つは「経済学者として大成しようと思うなら政治に足を踏み入れてはいけない」というものだった。シュンペーターは若い頃は政治に強い関心があり[17]、一九一九年にオーストリアのK・M・レンナー内閣の大蔵大臣に就任したが、社会主義者のO・バウアーらと対立し辞職を余儀なくされた。こうした経験を持つシュンペーターは、「政治というのはいかにきたないものであるか、そして学者なんかがうかつに入っていくと簡単に悪用されてしまうぞ」ということを繰り返し柴田に忠告した。後述するように柴田はこの忠告に反して新体制運動など政治的活動に関わり、「私は政治みたいなものに何回か足を踏み込みかけては、苦労することになった。そして、余命いくばくもない老年になって初めて、やっぱり先生のいわれたことが正しかった、と悟った」と述べている[18]。

二つ目は「学派というものは、どうしてできるか」についてであった。シュンペーターは学派ができる条件として、ピアノに欠けていたキーを加えるように従来無かった新しいカテゴリーを経済学に挿入すること、そのカテゴリーなしには解釈できないような動きを経済がする時代になっていること、その新カテゴリーを組み入れた理論を大きな体系に仕上げるために四、五人の協力者が得られることを挙げた。最後の条件についてシュンペーターは a few ではなく必ず「四、五人」と言い、柴田はなぜ「四、五人」なのかと不思議に感じていた。しかもシュンペーターは柴田を相手にしながら自分自身に言い聞かせるような言い方で何度も話していたという。宮崎義一はこのエピソードについて、シュンペーターはR・F・ハロッド、J・V・ロビンソン、R・F・カーン、R・G・ホートレーなど協力者が四人以上いたJ・M・ケインズを意識していたと解釈している。[19] 柴田は「シュンペーターは「学派をつくるべきだ、つくりたい」と思ってそのために精進しており、細々とした問題に気を取られずに学派をつくるような勉強をすべきだという励ましや戒めとして自分に話したのではないかとしている。あるいはシュンペーターは、マルクス経済学と一般均衡理論の統合に取り組む一方で景気循環の研究も進めていた柴田が自分の協力者となってくれることを期待していたのではないかとも考えられる。

三つ目はシュンペーターの学問に対する姿勢であった。当時シュンペーターは『景気循環論』の最後の仕上げに没頭しており、秘書は「先生はおかしな人だ。原稿はもう一年前に完全に仕上げられている。それなのに、あっちを直し、こっちを直しして、ちっとも出版しようとしない。普通のアメリカ人ならあんなことをしない」と不思議がっていた。シュンペーターは夏休みに避暑地に行きその年の九月のハーバード大学創立三〇〇年祭にも参加せず、ようやく帰ってきたシュンペーターは柴田に対し「結局、仕上げられなかった。このままではクリスマスまでかかる。こうしたシまことに申し訳ないが、それまでは、きみの相手をすることができない」と言った。こうしたシュンペーターの学問に打ち込む姿勢を見て柴田は与謝野晶子の歌「劫初よりつくりいとなむ殿堂にわれも黄金の釘一つ打つ」を思い出し、学者とはこうでなければならないと教えられたという。[20]

2　ハーバード大学

ハーバード大学の研究者たち

シュンペーターの大学院のゼミに参加した柴田はサミュエルソンの活躍を目の当たりにする。当時のシュンペーターのゼミは『景気循環論』に書こうとしている内容を説明して学生の反応を見て自分の研究の参考にするという形式であった。まずシュンペーターが説明するとサミュエルソンが奇声を発する。シュンペーターがどういうことかと聞くとサミュエルソンが少し言葉に直すがそれでも何を言いたいのかわからない。そのうちサミュエルソンが黒板で数式を書いてみせるとシュンペーターは「ああ、そうか」と言ってメモを取りまた話を進める。するとサミュエルソンがまた奇声を発する。サミュエルソンは直感的に疑問を感じると奇声を発し、その疑問がシュンペーターとのやり取りで明確に表現できるようになっていくようであった。日本でサミュエルソンの名前を知っている人は誰もいなかったので留学から帰国した際にその名前を吹聴したと柴田は回想している。[21]

柴田はハーバードでは都留重人と毎朝のように朝食を共にした。都留は自分が大学院生で柴田が帝国大学助教授であることにこだわらず開放的に接し、柴田に多くの情報を伝えたり様々な場所に連れていくなどするとともに柴田の研究にも遠慮なく批判した。一九三六年五月に博士課程の一般試験に合格した都留は学位論文執筆にあたってシュンペーターに指導を依頼したところ、シュンペーターは「では明日でも柴田と一緒に食事をしよう」と都留を誘い、シュンペーターと柴田、都留は六月に一緒に食事をした。シュンペーターは都留の学位論文のテーマとして「景気変動の理論とその実証」を提案し、柴田もそれに賛成して実証は日本を対象とするのが一案だろうと付け加えた[22]。こうして都留は学位論文 *Development of Capitalism and Business Cycles in Japan, 1868-1897* の執筆に取り掛かることになった（一九四〇年提出）[23]。この食事の際、話が安井琢磨と木村健康（戦後東京大学教授）によってこの年に邦訳されたシュンペーターの『理論経済学の本質と主要内容』（原著一九〇八年）に及んだところ、シュンペーターは「あれは、今見るといやでたまらない本で、原本ではもう絶版になっており、私自身一冊も持ち合わせていない。翻訳されることについては、何度も断ったが、たってということなので……」と述べ、柴田も自身の『理論経済学』について「お金さえあれば買い集めて焼いてしまいたいくらいだ」と嘆いた。帰り道に柴田は都留に「あの本は批判はしてほしいが、あまり読んでもらいたくないのだ」と言ったという[24]。第2章で述べたように都留はその後『理論経済学』で使われた柴田の数値例を用いたモデルを洗練化させる一方で、柴田による利潤率低下法則批判および価値法則と利潤率との関係の否定に反論する論文を書いている。[25] 柴田はイギリスに渡った後に都留の論文と自身の再反論を合わせて日本に送って『経済論叢』に掲載してもらい、その際に都留について「都留学士は、邦人としては恐らく前例を見ないであらう所の大優等賞マグナ・クム・ラウデMAGNA・CUM・LAUDEを獲てハーヴアート大学を卒業されたる、稀に見る鬼才である」[26]と紹介している。

柴田はA・R・スウィージーとP・M・スウィージーの兄弟が指導的役割を果たし都留やサミュエルソンも参加する研究会にも加わった。この研究会では柴田の「簡単化したワルラス方程式」に関する論文を皆で読んで何回か討論してくれたため柴田は当初喜んだが、実際には都留やスウィージー兄弟の関心はマルクスの利潤率低下法則に対する柴田の批判からマルクスの理論を救い出すことに関心があり、柴田の研究そのものを前進させようとする方向には向っていなかった。[27] しかしP・M・スウィージーは一九四二年の『資本主義発展の理論』において、利潤率低下傾向をめぐる議論について詳しく知りたい読者に対し柴田の論文'On the Law of Decline in the Rate of Profit'と'On the General Profit Rate'を読むように勧めており、[28] 柴田を高く評価していたことがわかる。なお柴田はハーバード大学におけるマルクス主義研究について「日本の資本論中心のマルキシズムとは全然異つてゐた。労働価値説を信奉する者は一人もないといふ状態」であり、ソ連におけるI・V・スターリンの大粛清により「これらアメリカ的マルキスト達の間にも大動揺があらはれた」と帰国後に書いている。[29]

結局、ハーバード大学にいた研究者の中でワルラスの一般均衡体系を現実の経済に近づけようとしていた点で一番問題意識が近かったのは、産業連関分析の開発に取り組んでいたレオンティエフだったと柴田は回想している。レオンティエフは *Kyoto University Economic Review* に掲載された柴田の論文をほとんど読んでおり、柴田を大事にしてくれたが、レオンティエフの関心は技術的生産係数を実証研究により統計的に推定して一般均衡体系を経済の計画的運営のために役立てようとすることにあり、資本主義経済の運動法則を究明したいと考えている柴田とはやはり関心にずれがあった(30)。

このように柴田の問題意識とハーバード大学の研究者たちの関心とは違っており、理論面で十分な発展があったわけではなかったが、それでも柴田は後年、多くの優秀な研究者たちと交流したハーバード時代を「わずか一〇ヶ月だったが、私の生涯で忘れることのできない時代であり、いちばん楽しかった時代だった」(31)と回想している。ハーバード大学の近くに左翼系の本を揃えた書店（都留重人のいう「ホリオク」か）があり、日本では手に入らないマルクス派の文献が自由に手に入ったことも楽しいことの一つであった。柴田は解放感を感じてしばしば出入りしていたが、それがレオンティエフの耳に入り、戦後ある人がレオンティエフに会ったところ「柴田はハーバード時代はマルクスの本ばかり読んでいた」と言っていたという(32)。

こうしたハーバード大学での研究生活で柴田が最も驚いたのは、若い研究者にケインズの『雇用・利子および貨幣の一般理論』（一九三六年一月出版）が強い影響を与えつつあったことだった。イギリスでケインズの講義を直接聞いたカナダのR・ブライスが一九三五年秋に帰国の途中にハーバード大学に立ち寄り、イギリスで経済学の革命が起こっていることを伝えた。それに影響を受けたハーバード大学の若い研究者たちはイギリスから『一般理論』を取り寄せて熱心に研究していた。サミュエルソンは一〇年後に当時を回想し、『一般理論』が南海の島の島民を最初に襲ってこれをほとんど全滅させた疫病のような思いがけない猛威で三五歳以下の大抵の経済学者をとらえたと表現している[33]。ハーバードにおけるケインズ革命の最中に滞在した柴田ももちろん『一般理論』を大急ぎで勉強したが、当時三四歳で既に『理論経済学』下巻でケインズの『貨幣改革論』および『貨幣論』を詳細に分析していた柴田は[34]「ケインズのこの理論には、どこかきわめて不健全な所がある」と感じた。しかしマルクス理論の場合はそれのどこが間違っているか分っているように思えるのに、ケインズ理論の場合はその不健全なものの正体がわからず、非常にもどかしくて仕方がなかったと回想している[35]。これが柴田がその後長年に渡り格闘することになったケインズ理論との出会いであった。

なお、柴田の論文を以前から高く評価していたランゲはアメリカ滞在中にニューヨークで柴田と会った際、「君は日本を脱出する気はないか。一緒にニューヨークでインターナショナル・カレッジをつくろうじゃないか」ともちかけた。恐らくランゲはマルクス経済学を利用して研究していた柴田を社会主義者と考えてこのような誘いをしたと考えられるが、日本からの亡命など夢にも考えていなかった柴田は「あまりにも突飛な話で、返事のしようもなかった」と回想している。柴田とランゲはイギリスでの再会を約束して別れた[36]。

アメリカを去る

一九三六年九月一六日にハーバード大学創立三百周年記念祭があり、F・D・ルーズベルト大統領を含む同大学卒業生のほか各国の大公使、有名大学からの代表者が集まった。日本からは東京帝国大学代表として高柳賢三（東京帝国大学法学部）、慶應義塾大学代表として塾長の小泉信三らが出席し、ハーバード大学滞在中の柴田が京都帝国大学代表となった。小泉は九月一四日に同大学イェンチン研究所の晩餐会に招待され、同会の出席者として高柳、姉崎正治（東京帝国大学文学部）、胡適（思想家、外交官）らと共に柴田の名を挙げている(37)。一六日の祝典では他の日本人は皆モーニングを着ていたが、柴田は持っていなかったため羽織と袴を着て着物姿の恭子夫人を伴って参加したところ、珍しがられルーズベルト大統領のすぐ近くの席に座らされた。小泉も柴田の名は挙げていないものの「日本の諸大学代表者は、紋付羽織袴が一人、あとは皆モオニングであった」と記録している(38)。翌日の新聞には羽織・袴姿の柴田と着物姿の夫人の写真が一面で大きく掲載された。三日間にわたる祝典が終わった後、小泉は秘書役の山本敏夫（慶應義塾大学）と共に柴田の宿舎を訪れて日本食を振舞われ、同席した都留から「今はここに教授たる経済学者シュムペエタアはよく学生に接触する、午食はよく学生と一緒に食べている。講義の始まる三十分前何とかという珈琲店でよく学生相手に雑談をやっている」という話を聞かされた(39)。なお都留によれば柴田は小泉に「都留君は、実は京大にほしいのだけれど、制度がご存知の通りでむ

The Investor, Page 25
THE BOSTON HERALD
LATE CITY EDITION
CURLEY LINKED TO QUABBIN
Harvard Welcomes 600 Scholars of World
SPLENDOR NOTE OF PROGRAM ON SANDERS STAGE
Main Items on Today's Harvard Program
DELEGATES TO HARVARD TERCENTENARY FROM OVER SEA
HULTMAN SAYS GOVERNOR GAVE ORDER FOR GIFT
PRESSURE BARED AT DEVER HEARING
FIGHT TO RULE IS REAL KEY TO FRENCH STRIKE
LABOR AND CAPITAL

『ボストン・ヘラルド』紙一面に掲載された柴田夫妻の写真（『大道を行く』所収）

つかしい、あなたの処ならもってこいだろうと思う」という話を伝えていたが、小泉は都留に対して山本がハーバード大学の制度についての調査をするので協力してほしいと述べただけだったという(40)。

晩秋にはアルゼンチンのブエノスアイレスで開催された国際ペンクラブ大会に参加した島崎藤村夫妻と有島生馬が帰路にハーバード大学を訪問した。案内役を務めた都留重人は柴田の宿舎に藤村を連れていき、恭子夫人は手製のお汁粉を振舞った。柴田が揮毫を求めると藤村は「心を起さうと思はば、先づ身を起せ」という言葉を書いた(41)。これは藤村が小説や紀行文で何度も使っていたニーチェの言葉だった。藤村は国際ペンクラブ大会と往復の旅の紀行文『巡礼』中で、ハーバード大学で世話になった人物として「ハアバアトで経済学を修めてゐる大学生（原文ママ）」である「T君」（都留）に言及しているが、柴田に関する言及は残念ながら無い[42]。

一二月のある日、柴田のもとに、京都に残してきた長男の徹が肺炎のため病死したという手紙が義父から届いた。柴田は物事を徹底的に考え抜く力が欠けていると自覚しており、自分にできないことをしてもらいたいという意味を込めて徹という名前をつけていた。それだけ大きな期待をかけていた息子の死に柴田は打ちのめされ何もできなくなった。続けて来た高田保馬と作田荘一の慰めの手紙は「いずれも、心のこもったすばらしい文章」であり、自分にとっての何よりの宝であると柴田は四〇年後に書いている。息子の死を契機に柴田夫妻はハーバード大学を引き上げ旅に出てデトロイト、シカゴ、ピッツバーグなどを訪れ、その途中まで都留重人が同行し柴田夫妻を慰めた。明けて一九三七年早春、柴田夫妻はアメリカを離れてイギリスに渡った[43]。一九七三年に出版された柴田の著書『地球破壊と経済学』の中表紙裏には「徹の霊に」と書かれている。

柴田がハーバード大学とアメリカを去ったのは直接には長男の死が契機であったが、同時にアメリカの学問風土への違和感を覚えていたことも理由であったようである。柴田は次のエピソードをアメリカの学問風土の例として挙げている。前大学学長のW・T・フォスターと事業家のW・キャッチングスは一九二〇年にポラック経済研究財団を設立し、共著で二冊の本を執筆する一方でその主張を多くの通俗的な本や雑誌記事で紹介し、さらに記事のリプリントを無料で提供した。それらの活動によりフォスターとキャッチングスはアメリカで強い影響力を持つようになったが、さらに二人はPollak Prize Essay Contestを企画した。これは自分たちの主張への批判論文を募り、W・C・ミッチェルやA・A・ヤングなどの著名な経済学者を含む審査員によって最も優れたものと認められた論文の書き手に五〇〇〇ドルの賞金を提供するとともにポラック財団から論文を刊行するというものであった(44)。

フォスターとキャッチングスの主張は次のようなものであった。物々交換経済では需要と供給は一致するが、貨幣が出現するとその均衡は攪乱されてしまう。生産された商品が小売市場に到達するよりも早く貨幣が支出されれば超過需要になって好況になり、貨幣が支出されるよりも早く商品が小売市場に到達する場合には超過供給になって不況になる。したがって経済が均衡するためには商品と釣り合うだけの十分な貨幣が消費者によって支出されなければならないが、貨幣量が一定のままで企業が利潤の一部を留保して資本設備の改善に使用すると、増加した生産物が市場に到達すると消費者はそれを購入できるだけの貨幣を持っていないため不況が発生する。不況を回避するには物価の下落による購買力の増加は利潤を消滅させ企業の生産維持に対する意欲を失わせるため望ましくなく、貨幣量を増加させることが必要となる(45)。

貨幣の研究をしていた柴田は既に日本でフォスターとキャッチングスの本を読んで『理論経済学』下巻で批判しており(46)、「消費財市場に充分な通貨が流れて来ないということは、胃の筋肉に十分な血液が循環してこないようなものであって、そんなことが起れば困ったことになる。それは、わかりきったことである。問題は、なぜそうなるのか、ということである。そのことを究めもしないで輸血を主張するのは俗論である」という低い評価しかしていなかった。しかし柴田はアメリカで二人の主張が懸賞金付きのものであり、それに大学教授を含む何千人もが応募して完全には論破できなかったこと、それがF・A・v・ハイエクの論文一本で論破されたという話を聞く。[47]柴田はこうしたアメリカの経済学界の様子を知り、「アメリカの学問的風土の中には、事物の内的関連を理論的に究めつくす、という態度は育たないのではないか、統計的数値をたよりに表面的事象だけを観察し、それらの事象の間の表面的数量的関係を数学的に手際よくまとめる、ということしか受け入れえない風土ではないか」という疑いを持ったという。[48]こうしたアメリカの学問風土とハーバード大学で自身の「簡単化されたワルラス体系」を使った研究が進まなかったことの失望から、柴田は息子の死を契機にアメリカを離れることになったと考えられる。

ただ、シュンペーターは晩年に至っても柴田を高く評価していたようである。シュンペーターは戦後に都留重人に手紙を送るたびに「日本における私の友人によろしく」と書いてきたが、その「友人」の順番は必ず最初に荒木光太郎、次に柴田、三番目に東畑精一、四番目に中山伊知郎であった。シュンペーターは四人の中で最後に柴田に会ったにもかかわらずその中で二番目に位置づけており、柴田への評価が高かったことを示している。[49]

3　ヨーロッパでの留学生活

ケインズとの面会

柴田は当初、イギリスには短期間滞在するだけでドイツのキール大学世界経済研究所で研究する予定だったが、親しくなっていた斎藤博駐米大使が駐英大使だった吉田茂（戦後首相）に紹介状を書いてくれたため、ロンドン到着後すぐ吉田を訪ねた。すると吉田は「ナチス治下のドイツに経済学の勉強に行くなんて不見識じゃないか。経済学を勉強するなら世界経済の中心地であるロンドンにおいてこそできるのじゃないか。当然ロンドンにとどまって勉強すべきだ」と押しつけがましく言った。様子がおかしいのでよく話を聞くと、吉田は「ベルギーの首相が画策していた世界経済会議がモノになるかも知れぬし、もしそんな事になったら、いろいろ援助してほしい」[50]と事情を打ち明けた。そこで柴田は「私が面会したいと思っている人に面会できるように力を貸していただけるなら」という条件を持ち出し、「たとえばそれはケインズのような人だ」というと吉田は了承したため、柴田はロンドンにしばらく滞在することにした[51]。

一九三六年にフランス・フランの平価切下げに先立って英米仏三カ国による三国通貨協定が結ばれ、輸入割当と為替管理の撤廃を通して国際貿易を発展させることが目指されるとともに他国の参加も呼びかけられた。またドイツも一九三六年にH・G・H・シャハト財務相がイギリス政府経済顧問F・W・リース－ロスに対して三国通貨協定への協力と国際経済会議の提案を行っており、アメリカはドイツの提案に関心を示していた。ベルギー首相P・ヴァンゼーラントは一九三七年一月に三国通貨協定を活用して新しい国際経済秩序を作るための研究を開始すべきであると提案し、イギリス・フランス両政府は四月に正式にヴァンゼーラントに国際貿易の障壁除去による貿易拡大の可能性の研究を依頼した(52)。吉田はこうした欧米における国際経済秩序の再建の動きを踏まえて柴田を引き留めたと考えられる。

柴田がわざわざ大使の吉田にケインズとの面会の仲介を頼んだのは、留学に出る前に田中金司から「ケインズには会おうと思うな」という忠告を受けていたからだった。金融論の専門家の田中は二度目の留学（一九三三年二月～三四年二月）の際にケインズに会おうとしてかなり努力したが結局門前払いを食わされたためこのような忠告を柴田にしていた(53)。ケインズに対する日本人の関心は早い時期からあったが、実際にケインズと会うことのできた日本人はごく僅かであった(54)。それまでのケインズと日本人の直接的な接触は、一九二三年に荒木光太郎がケンブリッジ大学でケインズの許可を得て講義を聴講して質疑応答をしたこと(55)、一九二五年にロシア科学アカデミーが設立二〇〇周年を迎えて各国の経済学者をソ連に招待した際にケインズと福田徳三が討論したこと(56)の他はほとんどなかった。

しかし吉田の仲介によりケインズから面会が可能であるという連絡が届いた。柴田はケインズ宛の手紙を書いて質問書を同封し、しばらくしてケインズからの返事がコメントを書き入れた質問書と共に届いた。柴田はその後質問書を紛失してしまったが、基本的な質問の一つはケインズが『一般理論』第6章「所得、貯蓄及び投資の定義」および第7章「貯蓄と投資の意味についての続論」において貯蓄と投資が一致するとしたことへの疑問だったようである。柴田はマルクスの拡張再生産表式において貯蓄より資本蓄積額（投資）が上回る例を示して貯蓄と投資が必ずしも一致しないことを指摘したが、質問書への返事では"Your concept is different from mine"（君の概念は私のものと異なっている）と書かれていた。ケインズは貯蓄と投資が等しくなるかどうかという議論は投資及び所得の定義の違いの問題であり、所得は産出の価値であってそのうち消費されなかった部分は在庫に追加された投資と考えれば、貯蓄は所得から消費を引いたものであるため、事後的に貯蓄と投資は等しくなるとしていた。ケインズは柴田の質問を定義の違いの問題と考えたようである。現在からみればケインズの考えは短期かつ経済のフローの問題を扱っている一方、柴田の再生産表式を用いた批判は長期かつストックの更新の問題なので議論がかみ合っていない。しかし柴田はこうしたケインズの反応を見て、自分の意見との違いはF・ケネーに始まりマルクスによって伝承された「回帰的生産構造観」（資本財の生産には直接間接に当該資本財が必要であるという立場）と、ケンブリッジ学派やウィーン学派の「一方的段階的生産構造観」（資本財は常に一方通行的で消費財の生産に役立つ資本財は消費財以外の財の生産には役立たず、資本財の生産に役立つのはその直上段階の資本財に過ぎないという立場）との違いと考えた。(57)

柴田がケインズの自宅を訪れたのは一九三七年四月だったようである。柴田はケインズと妻のリディア・ロポコヴァ、アメリカの大臣級の人物と一緒に昼食を共にした。ケインズは食卓につくとすぐに「日本はいつまで北支に於て野蛮な行動をとるのか」と言ったといい[58]、話題の一つは日本の中国進出についてだったようである。そのほかケインズは柴田に対し「〔ハーバード大学の〕タウシッグ教授は実に立派な学者だったが、ただ一つだけ重大な間違をした。それは、シュムペーター教授を後任者として推薦したことである、というのが自分の見解だが、君はどう思いますか?」「自分が著作を発表しようとして、その事が出版屋によって公表されると、著書そのものがまだ出版されていないうちに、日本からは、それの翻訳をさせてくれという懇請状が数通自分のところに舞込むのが常だが、こんな手紙は他のどの国からもこない、一体日本という国はどういう国ですか?」などと厳しい質問を続けた[59]。ケインズは苛立っているように見え、経済学的な話題を避けているようであり、結局議論らしい議論はしないままで終わった。柴田は辞去する際に「もう一度、おうかがいさせていただきたい」というと、リディア夫人から「主人は少し疲れていますので、きょうぐらいのことで……」と断られた[60]。ケインズは同年五月一六日にバクテリア性心内膜炎によって引き起こされた心臓発作に見舞われており[61]、当時体調が優れていなかった。

柴田はケインズからの手紙の返事とわずかな討論を基に自分の考えを英語論文にまとめ、京大に送って *Kyoto University Economic Review* に、さらに飯田藤次による日本語訳を『経済論叢』に掲載してもらう（"Some Questions on Mr. Keynes' General Theory of Employment, Interest and Money", *KUER*, Vol. 12, No. 1, July 1937. 飯田藤次訳「ケインズの『一般理論』に関する諸問題」『経済論叢』第45巻第4号、一九三七年）。この時点における柴田の『一般理論』体系の解釈は一般均衡論的解釈であったが、この論文も国際的に高い評価を受けた。ランゲは一九三八年三月の柴田への手紙で、カリフォルニア大学バークレー校経済学部の教授陣が柴田のこの論文を高く評価し、柴田を招待して一学期ないし二学期の講義をしてもらいたいと希望していることを伝えてきた[62]。恐らくこうしたアメリカの学界の高い評価により、柴田は一九三九年一〇月に事業家兼経済学者のA・コウルズから一九四〇年七月にコロラドスプリングスで開催されるコウルズ委員会（Cowles Commission for Research in Economics、現在のコウルズ財団 Cowles Foundation）の年次研究会議に招待されたが、戦時統制下で外貨持ち出しを制限していた日本政府は渡航費を提供しなかったためこの招待を受けることができなかった[63]。

しかし柴田はこのケインズ批判に満足せず、後述するように日本に帰国した後も『一般理論』の問題点を明らかにしようとしていく。

イギリスからドイツ、オーストリアへ

ロンドンで柴田と再会したランゲは、当時ハイエクらと繰り広げていた社会主義経済計算論争（社会主義計画経済の存立・実行可能性をめぐる論争）における自身の考えについて柴田に意見を求めた。ランゲの論争における主張は、中央計画当局が財の需給を観察することで暫定的な価

格を提示し、それに応じて企業管理者が最適な生産計画を立て、それを繰り返していく中で中央計画当局が試行錯誤を通じて均衡価格を発見するという一般均衡理論を用いた社会主義モデルであった。これに対し柴田は、一般均衡理論では生産に時間を要しないという仮定をしているがこれは非現実的であり、実際には生産に時間を要する以上一般均衡は成立しなくなるのではないか、そして不均衡が単にそれで終わるのではなく資本主義体制そのものを変革させるような力をはらむようになる動的メカニズムがどうしてもつかめないということをランゲに話したという[64]。

ランゲはさらに柴田をJ・R・ヒックス、ハイエク、N・カルドア、A・P・ラーナー、M・H・ドッブ、M・カレツキら多くの経済学者に引き合わせてくれた[65]。柴田はドッブから論文を高く評価されるとともに、『一般理論』でマルクスとS・ゲゼルを同列に挙げたケインズに『資本論』を読ませようとしたが失敗したという話を聞かされた[66]。

また柴田は高橋正雄（当時九州帝国大学助教授）や山田雄三（当時東京商科大学予科助教授）といった留学中の日本人経済学者とも親しくなり、七月から八月にかけて高橋と山田との三人で研究会を開催し、柴田はケインズについての報告をした[67]。高橋もケインズとの面会を希望したので柴田が仲介の労をとったが、ケインズの都合がつかないということで実現しなかった。また柴田はアメリカに向う高橋に都留重人を紹介している[68]。

柴田はイギリス政府経済顧問のリース－ロスにも面会した。リース－ロスは一九三五年に来日して日本にイギリスと共同で中国国民政府の幣制改革のため借款を供与することを提案したこと

（日本側が断ったためイギリス単独で中国幣制改革に協力した）で日本でも知られていた。その際に柴田が「東亜人のための経済体系樹立」ということを話したところリース－ロスは「君はそれでも経済学者か」と言ったという。柴田はこうした反応について「英国人の東洋に対する考へ方が如何に支配者的であるかを知るに足る」と述べている。[69]

一方、一九三七年七月に盧溝橋事件が起き日中戦争が勃発する。イギリスのマスコミは戦争の行方に一喜一憂していたが、その中でイギリス共産党の機関紙デイリー・ワーカーだけは終始一貫して日中戦争を日本帝国主義の中国攻略の第一着手として把握し、「戦禍はやがて中国全土に拡がり、中国はやがて帝国主義諸国のあいだの決戦場と化するであろう」と予言し続け、その後の経過は予言の正しさを証明しているように見えた。柴田は前年に起きた西安事件（張学良によって蒋介石が監禁されたが周恩来の調停により蒋が釈放され、直後の日中戦争勃発と合わせて第二次国共合作の契機となった事件）とこのデイリー・ワーカーの予言とを結びつけ、一連の動きの背後にはソ連がいるのではないかと考えるようになる。[70] 柴田の考えは「スターリンは、蒋介石軍と日本軍とを戦わせることによって両者を消耗させよう、さらにもし出来ることなら米英の武力をもそれに巻き込ませよう、と考えたのではなかろうか。万事は、スターリンの指し金で動いているのではなかろうか。日本の青年将校たちは、このスターリンの世界戦略にひっかかったのではなかろうか」[71]というものだった。柴田は自分の考えを吉田茂に話したが吉田は「貧乏人に学問をさせると、ろくなことを考えない」と言って取り合わなかった。[72] しかし柴田は帰国後も（そして戦後も）こうした見方を変えず、論文でも「日本は不拡大主義局地解決主義を堅持した」にもかかわらず「［支那］事変が斯く拡大する事になつたのは、抗日教育の徹底と英・露を主とする諸外国の対支教唆・支援とがあつたからである」と主張し続けた[73]。

結局世界経済会議は開催されないことになったので、柴田はイギリスを離れ一一月にパリ経由でドイツに入りベルリンに滞在した。留学期限が残り少なくなってきたことから柴田はドイツ、オーストリア、スイスなどの主だった学者に「今日の世界経済の動向をどうみるか」「各国における経済学の動向をどうみるか」「世界の発展に貢献するために、日本の経済学者たちは何をなすべきだと考えるか」という三つの質問を添えて面会を申し込んだ。キール大学世界経済研究所では「経済学なんかぜんぜん知らないと思っていたナチスのもとで、失業はなくなるわ、生産力は高くなるわで、経済学者はウソばかりついていたような格好になってしまい、大変つらい思いをしている」という話を聞かされた[74]。柴田はドイツで会った教授たちが「かげでナチスに対する不平をこぼし、自分たちが時代から取り残されて行くのをさびしがつてゐた」としている[75]。

柴田はドイツの経済学者とは十分議論できなかったようであるが、一方ではナチスによる政治は高く評価していた。柴田はナチス治下の生活について「英米ではナチス・ドイツの経済状態を悪く言ふデマが横行してゐるが、行つてみるとまるで異なつてゐるのに驚いた。服装のキチンとしてゐること世界無比であらう」「貧民窟を見に行つたが、秩序整然たるものであつた。ドイツでは失業者はナチス治下で激減してゐる」「教育は広く行きわたつてゐる。校外教育も盛である」

などと絶賛しており、「ドイツ青少年のすばらしい大行進ぶり」と教授たちの無気力な様子とを比較して「感慨無量のものがあつた」と述べている。[76] 柴田は自身の経済新体制案（第5章参照）を説明する一九四〇（昭和一五）年の講演で、一九三八年二月に議会からオープンカーで帰るA・ヒトラーに群集と共に近づいて「ハイヒットラーをいつた」り、貧民救済基金募集の際に「ゲッベルスの前まで行つて殆ど手渡しするやうにして寄付をした」といった経験を語り、ヒトラーらナチスの指導者が大衆の絶大な信頼を握り得たアルバイツフロント（ドイツ労働戦線（DAF）、ナチスが労働組合を解散させた後に作り上げた組織）のように日本の産業報国運動も大衆を握り得る力をもつべきだと主張している。[77]

一方で柴田はベルリンの日本人会の中の「日本学会」（留学生だけの会）の経済部会にも出席し、森田優三（当時横浜高等商業学校教授、戦後一橋大学教授）と親しくなる。一九三八年三月に柴田はスイスに入り国際連盟本部を訪れるがナチスのオーストリア併合（三月一三日）の直後だったため会いたい人に会うどころではなかった。数日後にかつてワルラスが教鞭をとったローザンヌ大学を訪れた柴田はワルラスのレリーフと一緒に記念撮影をし、「これから三〇年もしたら私の説も認めてもらえるだろう」と言い残して死んだといわれるワルラスの心境に思いをはせた。ベルリンに戻った柴田はかつて東大経済学部講師だったA・アモンに会ったが、アモンは「現実的な問題からはむしろ離れ、象牙の塔のなかに静かに安住しようとしておられるようだった」と柴田は述べている。

その後柴田は併合直後のウィーンに行き森田と共にウィーン大学を訪れた。柴田は大学院時代にミーゼスの貨幣論を勉強しそれに影響される（第1章、本章前半参照）などオーストリア学派の貨幣論を参考にしてきたため、ウィーンを「経済学者としての私のふるさと」と考えていたが、ミーゼスは既に（一九三四年）ジュネーブの国際高等研究所に移籍したこと、O・モルゲンシュテルンやF・マッハルプなど主要な経済学者もウィーンを離れてアメリカにいることを聞かされた。柴田は「自分の研究の進むべき道を求めて世界を回ってきたのだが、最後にたどりついた私の学問のふるさとであるウィーン大学が、かくのごときものであることを知って、暗い気持ちに沈んだ」と回想している[78]。

独占資本主義の問題へ

留学を終えてナポリから乗船し、インド洋上を航海していたある朝、柴田は「朝焼け雲が熔鉱炉の中の焔を想像させるほどの紅蓮の焔となって全天をおおっていた」風景を見て呆然としていた時、一つの着想がひらめいた[79]。自分が経済学の迷路から脱出する道を見出せないこと、日本が直面している危機への対処法もわからないままであるが、その二つは本来一つのものとしてとらえるべきではないかというのが柴田の基本的な着想であった。より経済学的に説明すれば、これまでは「簡単化されたワルラス方程式」を用いて経済の動的運動法則をつかもうとしてきたが、その際に完全競争的な資本主義社会の運動法則を考えていた。しかし現実には完全競争的な資本主義社会は既になくなっているため、資本主義経済の独占化ということを織り込むことで「簡単化されたワルラス方程式」を前進させることができるのではないか、そしてそれによって国の危機を打開する道を見出せるというのが柴田の考えであった。

そして実際に独占利潤という概念を導入して計算を行うと、一つの部門で独占利潤が得られている場合には利潤率が低下するという結論を柴田は得た[80]。つまり通常の完全競争的な資本主義では「柴田＝置塩定理」により費用節約的な投資が行われれば利潤率は上昇するが、独占が生じていれば生産コストは上昇し利潤率を低下させることになる。これにより、柴田は独占資本主義の問題にメスを入れない限り日本の危機は解決できないと考えるようになる。

柴田は一九三八（昭和一三）年五月一四日、箱根丸で神戸に到着し日本に帰国した。著名な乗客の帰国を伝える翌日の新聞には「支那問題で英国のリースロス氏、経済学のケーンズ博士等と論争して喧嘩別れしたといふ京大教授柴田敬氏」と書かれていた[81]。

4　ケインズ批判

独占資本主義下のケインズ理論の無効性

帰国後に柴田は多くのケインズ批判論文を書いており、大きく分ければ論理的矛盾の存在、および資本主義体制が現在では独占に陥っている点を無視していることに批判が集中している。柴田の最初の『一般理論』解釈は前述のように一般均衡理論的なものだったが、その後因果関係を重視するものへと変わっていく。柴田自身による『一般理論』体系の要約は以下のようなものである。

流動性嗜好が一定である限り銀行の貨幣供給量の増加は利率の低下を伴ひ、資本の限界効率関数が一定である限り利率の低下は投資の増加を伴ひ、社会の消費性向が一定である限り投資の増加は全所得の増加を伴ひ、技術・資源及び要素費用が一定の状態にある限り全所得の増加は雇傭量の増加を伴ふ筈である。所が、雇傭量が増加すると労働の限界生産力・従つて実質労賃が低下する。従つて、若し銀行の供給する貨幣量の増加しない場合に於ける雇傭量に照応する所の実質労賃以下に実質労賃が下る限り如何なる求職者も雇つて貰はふとしないのであるならば、銀行の貨幣造出量を増加する事によつて雇傭量を増加せしめる事は不可能である。併しながら世間には現に沢山の不本意的失業者が居るのである。だから充分に実質労賃が引き下げられてもはや不本意的失業者が存在しないと言ふ程度に達するまでは、公衆に対する銀行の貨幣供給量を増加する事によつて雇傭量を増加せしめる事が出来るのである。尤も右の事が行はれ得る為には資本の限界効率が余り低くなつてゐない事を要する。何となれば、若しそれが余り低くなつてゐるとするならば、公衆に対する銀行の貨幣供給量を如何に増加し以つて利率を如何に引下げて見た所で資本の限界効率の低下に追付く事は非常に困難であり従つて、投資、したがつて全所得、したがつて雇傭量を増加せしめる事も非常に困難であるから。だから斯くの如き事情の下に於いては政府は、一方では公共事業を拡張し以つて資本の限界効率に拘泥する事なく投資を増加し、他方では消費を奨励しなければならぬ[82]。

柴田による因果関係を重視したケインズ『一般理論』解釈を現在のマクロ経済学の記号を用いて図式化すると次のように書けるだろう（M：貨幣供給量、r：利子率、I：投資、Y：国民所得、N：雇用量、G：政府支出、C：消費、w：実質賃金）。

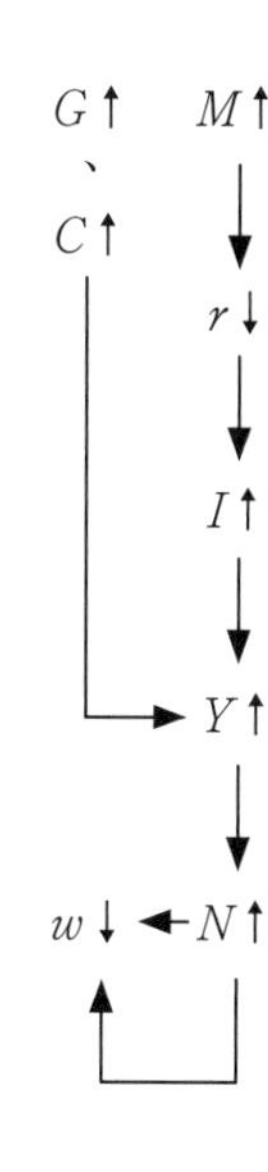

因果順序を明確にした連立方程式体系としては次の通りになる。

$$f(M, L) \to r \to I(r) \to g(I, G, C) \to Y \to \begin{pmatrix} N(Y, w) \\ w(N) \end{pmatrix}$$

柴田は『一般理論』について一般均衡的解釈と因果関係的解釈の二つを提示しているが、柴田は一九三九（昭和一四）年の論文でこの二つの解釈の存在をケインズの矛盾として説明している。[83]柴田によれば、ケインズは実質賃金率の一般水準は貨幣賃金率以外の諸力により決定されるものと見なしているが、実際には一般均衡的解釈には明らかに貨幣賃金率が（既知数として扱われてはいるが）含まれているため、貨幣賃金率も実質賃金率ないし雇用量の水準の決定に関与することになる。したがって、貨幣賃金率の影響を無視し得ないのであれば貨幣賃金率の引き下げが実質賃金率の引き下げにはならないというケインズの主張は成りたたない。そこでケインズは貨幣量が一定の時でも貨幣賃金率が減少することにより賃金単位で測られた貨幣量は増加し、利子率を低下させ、投資を有利にすることができると認めることになる。こうして一般均衡的解釈は成りたたず、賃金単位で貨幣量や所得を測った場合には因果関係的解釈が妥当であることになる。

こうした解釈から柴田はケインズの思想を「今日世界を悩ましてゐる所の失業、生活不安、事業不振、生産過剰、資金過剰、破産等々は、貨幣の供給が適当に行はれてゐない、と言ふ点に其の主因を有するのであり、貨幣の供給さへ適当に統制されるならば、資本主義は人間の持ち得る最上の経済制度となる」[84]というものであるとした。しかし、現在では柴田が主張したように資本主義の独占化の進展により一般利潤率は低下しているため、銀行貸出は困難となり「金利操作やマーケット・オペレイション等は景気対策としての価値を多いに失ふのである」[85]。現在の用語で言えば、独占化の進行が期待利潤率を著しく低下させているために貨幣供給に伴う利子率の低下（あるいは人為的な利子率の低下）が相殺され、投資増加に結びつかないため金融政策が景気回復に無効となる。したがって独占に起因する資本主義の動脈硬化は金融政策によっては救い得ない。柴田は第3章で紹介したように世界の生産総額と世界の貨幣用金の存在額との間に一定の比率（世界経済のマーシャリアンk）が存在するという貨幣数量説の立場に立っていたが、資本主義の独占化は一般利潤率を低下させるため、貨幣供給量の増加によって景気を回復させるという貨幣数量説的な手法を無効にすると柴田は考えた。

資本主義の動脈硬化

また、柴田は『一般理論』が「技術・資源及び要素費用等の状態を既に与へられたるものとして考へそれを基礎として全所得と雇用量との間の函数関係を規定してゐる」[86]ことを批判した。『一般理論』では雇用量は全所得と常に同一方向に変化すると考えられているが，これには資本の有機的構成の変化による雇用量の変化が看過されている。

彼［ケインズ］は，資本主義の内在的要請に従つて生ずる所の所謂資本組成の有機的高級化や資本主義の独占化に因る独占利潤の全所得中に占める割合の激増やに目を蔽つてゐる。今更論証するまでもなく、資本組成の有機的高級化や独占利潤の全所得中に占める割合の増加やは全所得中に占める労賃所得部分の割合の減少を伴ふ傾向を有するものであり、従つて、全所得に対する雇用量の比率の減少せしめる傾向を有するものである。而も、独占利潤の全所得中に占める割合の増加は勿論のこと資本組成の有機的高級化も資本主義の独占化の過程が進むにつれて飛躍的に進むのである。けだし資本主義の独占化は一方では企業結合を伴ふ事によつて生産の合理化を容易にし他方では労働運動を刺激する事によつて労働力を企業にとつて割高なるものとならしめるのであるから。従つて、全所得に対する雇用量の比率は愈々減少する傾向を持つのである。所が正に之等の事情を、ケインズは、技術乃至要素費用等の状態を既に与へられたるものとして想定して掛る事によつて看過したのである。(87)

完全競争の場合には資本家は利潤率を上昇させるために資本構成を積極的に高級化していくが、柴田は独占化が存在する場合にも長期的には資本構成の高級化が促進されることを主張する。「企業結合を伴ふことによつて生産の合理化」は容易になるので技術的生産係数は減少する一方、「労働運動を刺激する事によつて労働力を企業にとつて割高なるものとならしめる」ことから、結局労働者を雇用するよりも新たな固定資本を導入した方が効率的になる。こうして独占資本によって進められる資本構成の高級化は多くの場合労働節約的な投資を引き起こすことになるため、長期的には投資が総雇用量を減少させるという可能性は柴田にとって当然考えられるべきであった。

もちろん『一般理論』の想定は設備量の変化のない短期のものであるので、『一般理論』に資本の有機的構成の変化などの時間的要素を入れた分析を求めるのは「無いものねだり」という観も否めない。柴田はそのような『一般理論』の短期的分析としての限定性は充分認識していたが、ケインズが経済生活の社会化を論じた部分（『一般理論』第二四章「一般理論の導く社会哲学に関する結論的覚書」）などについて「此書物の一般的傾向は，瞭かに，斯かる限定の無視を露呈する事になつてゐる」と批判している。[88]

貨幣供給や投資が雇用量増加に直結しない以上、政府が公共事業を行わなければならないことになるが、柴田は公共事業も資本主義を維持し資本家の利益に抵触することを避けて行われているため局限されたものであり、資本主義の動脈硬化を救うことはできないとする。したがって資本主義そのものの変革が必要なのであり、資本主義を救おうとする「ケインズ的思想は、要するに、既に葬らるべく運命づけられたるものの自らの運命を知らぬ夢想に、過ぎないであらう」。[89]

以上の様に、柴田の『一般理論』に対する批判は、資本の有機的構成の高級化による影響や独占資本主義による一般利潤率の低下などの理論的研究を踏まえたものとして行われていた。前述のように *Kyoto University Economic Review* に掲載された柴田のケインズ批判論文は海外でも注目され、D・ディラードは一九四八年の『J・M・ケインズの経済学』において柴田の二本の論文[90]について“Both of Shibata's articles are excellent.”と高い評価を与えている。[91] しかしソ連への脅威を感じる一方でナチスの政治を高く評価し、「すべての国民が自分自身の問題という実感をもって国難にあたりうるようになる体制[92]」の必要性を感じていた柴田自身は、「日本資本主義が既に独占段階に深入りして」おり、「資本主義的動脈硬化の諸々の症状を既に露呈」している[93]

と考え、ケインズ的な修正資本主義とは異なる「真の意味に於いて国家主義的なる資本主義矛盾克伏」[94]を目指して実践活動に進んでいく。

注

(1) シュンペーターの日本滞在の詳細な日程と行動について、米川紀生「日本におけるシュンペーター」同編『人物書誌体系三九 シュンペーター』日外アソシエーツ、二〇〇八年所収を参考にした。

(2) 荒木光太郎は東京帝国大学助教授としてウィーン留学中に当時ビーダーマン銀行頭取だったシュンペーターに会い、シュンペーターがボン大学に移るまで私的教授を受けた(ラディスラウス・ミュルバッハ＝ゲルデルン＝エグモント伯爵「我が友 荒木教授の思い出」火曜会編・刊行『おもいで』一九八一年所収、一七頁)。荒木光太郎については拙稿「荒木光太郎の研究と活動」『荒木光太郎文書解説目録』名古屋大学大学院経済学研究科附属国際経済政策研究センター情報資料室、二〇一四年所収(http://www.nul.nagoya-u.ac.jp/erc/collection/araki.pdf)を参照。

(3) 厳密にいうと仙洞御所は京都大宮御所に組み込まれており、シュンペーターが殿上を許されたのは京都大宮御所の御常御殿である。

(4) 柴田敬「シュンペーター先生の教え」『シュンペーター再発見(別冊経済セミナー)』日本評論社、一九八三年所収、三二頁。

(5) 一六三六年に建立された西本願寺御影堂の障壁画は基本的に狩野派の徳力善宗・善雪父子が描いたものだが、寛政の大修復(一八一〇年)の際に襖絵が円山派の吉村孝敬のものに新調された。シュンペーターが実際に指摘したのはこの障壁画の違いではないかと思われる。

(6) 荒憲治郎「ボェーム－バヴェルクとシュンペーター 利子論をめぐる静態と動態」『シュンペーター再発見(別冊経済セミナー)』所収。

(7) 高田保馬「利子に於ける勢力の作用」『経済論叢』第31巻第6号、一九三〇年、四九頁。

(8) 東條隆進「シュンペーターの貨幣数量説」『ソシオサイエンス』第12号、二〇〇六年。

(9) 柴田敬「主観価値説と貨幣価値論」『経済論叢』第32巻第6号、一九三一年、七七頁。なお同論文六〇頁に「此の問題は……最近シュムペーター教授来朝に際し質問討論し短い時間と不便なる言葉との為に遂に結論を得なかつた問題の一つ」という記述がある。

(10) 『新版増補　経済の法則を求めて』四三頁。

(11) 同右、三九～四〇頁。

(12) 柴田は当初、留学（在外研究）において「国際経済」研究のため満二年間のイギリス在留を命じられていたが在留国をアメリカに変更し、さらにドイツおよびフランスを追加している（「年譜」『新版増補　経済の法則を求めて』二一三～二一四頁）。

(13) 「シュンペーター先生の教え」三三頁。都留重人は柴田の来訪を大学学生新聞の記事で知り、あらかじめシュンペーターに伝えていたので柴田夫妻がボストンに到着した時にシュンペーターは都留を伴って大きな花束を持って迎えに行ったとしている（都留重人『いくつもの岐路を回顧して』岩波書店、二〇〇一年、一一九頁）が、ここでは柴田の回想に従って記述した。

(14) 『新版増補　経済の法則を求めて』四四頁。

(15) 「都留重人略年譜」尾高煌之助・西沢保編『回想の都留重人――資本主義、社会主義、そして環境』勁草書房、二〇一〇年所収。なお反帝同盟については田中真人「日本反帝同盟の研究――共産主義運動と平和運動」『キリスト教社会問題研究』第35巻、一九八七年を参照。

(16) 『地球破壊と経済学』一三六頁。

(17) 根井雅弘「人間シュムペーターの一断面　Christian Seidl の論稿をめぐって」『経済論叢』第140巻第3・4号、一九八七年。

(18) 『新版増補　経済の法則を求めて』四五～四六頁。

(19) 伊東光晴・宮崎義一「対談書評　忘れられた経済学者・柴田敬――柴田敬著『経済の法則を求めて』をめぐって」『経済評論』一九七八年八月号、一三頁。

(20) 『新版増補　経済の法則を求めて』四八～四九頁。

(21) 同右、五〇～五一頁。

(22)『いくつもの岐路を回顧して』一三二頁。
(23) 同右、一六二頁。
(24) 同右、一三三頁。
(25) 都留重人「資本組織の有機的変化と平均利潤率との関係」『経済論叢』第44巻第6号、一九三七年。『経済論叢』表紙における都留の学位は「マスター、オブ、アーツ（ウイスコンシン大学）」となっている。
(26) 柴田敬「都留学士に答ふ」『経済論叢』第44巻第6号、一九三七年。
(27)『新版増補　経済の法則を求めて』五二頁。
(28) Sweezy, P. M, *The Theory of Capitalist Development*, Monthly Review Press, 1970 [1942], p. 105. 都留重人訳『資本主義発展の理論』新評論、一九六七年、一二八頁。
(29) 柴田敬「欧米をめぐりて」京都時局対応委員会編『時局と日本精神』財団法人昭徳会京都支部、一九三九年、八頁。
(30)『新版増補　経済の法則を求めて』五二～五三頁。
(31)『いくつもの岐路を回顧して』九〇頁。
(32)『新版増補　経済の法則を求めて』五五頁。
(33) Samuelson, P. A., "Lord Keynes and the General Theory", *Econometrica*, Vol. 14, No. 3, July 1946, p. 87.
(34)『理論経済学』下巻第三章註21、八七五～八八五頁。
(35)『新版増補　経済の法則を求めて』五三～五四頁。
(36) 同右、六八頁。
(37) 小泉信三『アメリカ紀行』一九三八年、『小泉信三全集』第22巻、文藝春秋、一九六八年所収、六〇頁。
(38) 同右、六三頁。
(39) 同右、七九頁。
(40)『いくつもの岐路を回顧して』一三四頁。
(41) 同右、一四二～一四三頁。
(42) 島崎藤村『巡礼』一九四〇年、『藤村全集』第14巻、筑摩書房、一九六七年所収、二六一～二六三頁。

(43)『新版増補　経済の法則を求めて』五六～五七頁。
(44) Caldwell, B., *Hayek's Challenge: An Intellectual Biography of F. A. Hayek*, University of Chicago Press, 2008, pp. 171-172.
(45) 矢島保男「貨幣的過少消費説について」『早稲田商学』第167・168号、一九六三年、二七一～二七四頁。フォスターとキャッチングスは生産信用を通して貨幣が消費者に間接的に供給されるのは好況時であり、信用制限が行われる不況時には難しいとして、不況時には消費者へ信用が直接与えられるべきであると主張した。
(46)『理論経済学』下巻、八八九～八九二頁。
(47) Hayek, F. A., "The "Paradox" of Savings", *Economica*, No. 32, May 1931, pp. 125-169.
(48)『地球破壊と経済学』一三九頁。
(49) 都留重人・伊東光晴・金指基「人間シュンペーター」『シュンペーター再発見（別冊経済セミナー）』一九八三年所収、七頁。
(50)『地球破壊と経済学』一五二頁。
(51)『新版増補　経済の法則を求めて』五八～五九頁。
(52) 小島健「ベルギー新自由主義とヨーロッパ協調――ポール・ヴァンゼーラントを中心として」『経済学季報』（立正大学）第55巻第2号、二〇〇五年。
(53)『新版増補　経済の法則を求めて』五九頁。
(54) 池尾愛子「ケインズの経済学からケインズ経済学へ」『早稲田商学』第402号、二〇〇四年。
(55) 荒木光太郎『現代貨幣問題』改造社、一九三五年、五六六～五六八頁。荒木はケインズが学生等の質問に対して懇切に説明をしていたこと、荒木自身も日英両国の金利問題についての質問をしたところ長文の手紙による返事を受けたことなどを例に挙げてケインズは「極めて人に対して親切である」と書いており、柴田やその他の日本人とは異なる評価をしている。
(56) 福田徳三『厚生経済研究』刀江書院、一九三〇年、三七九～三八四頁。
(57)『地球破壊と経済学』一四五～一四六頁。
(58) 柴田敬「現下の財政経済問題」『昭和十四年度夏季講習録』滋賀県、一九四〇年、二〇七頁。

(59)『地球破壊と経済学』一四九頁。
(60)『新版増補　経済の法則を求めて』六四頁。
(61)ジル・ドスタレール、鍋島直樹・小峯敦監訳『ケインズの闘い　哲学・政治・経済学・芸術』藤原書店、二〇〇八年、六〇四頁。
(62)『新版増補　経済の法則を求めて』六五頁。
(63)池尾愛子『日本の経済学――二〇世紀における国際化の歴史』名古屋大学出版会、二九〜三〇、三五頁。
(64)『新版増補　経済の法則を求めて』六八〜六九頁。
(65)同右、一九五頁。
(66)同右、七〇〜七一頁。
(67)山田雄三「ロンドンでの柴田敬君との出会い」『大道を行く』一九八七年、九五頁。
(68)高橋正雄「よき友を偲んで」『大道を行く』一五〇頁。
(69)「欧米をめぐりて」九〜一〇頁。
(70)中国共産党はコミンテルンの指導により国民党の将兵に対する取り込み工作に力を入れており、西安事件の首謀者の一人の楊虎城も共産党の働きかけを重要な契機として事件を引き起こした(阿南友亮「中国共産党による軍隊を対象とした政治工作の起源と初期の展開」『法学』第77巻第4号、二〇一三年)。少なくとも西安事件についての柴田の推測は大まかには正しかったといえる。
(71)『地球破壊と経済学』一五二〜一五三頁。
(72)『新版増補　経済の法則を求めて』七三頁。
(73)柴田敬「資本主義と支那事変」『経済論叢』第48巻第1号、一九三九年、一五七頁。
(74)『新版増補　経済の法則を求めて』七五頁。
(75)「欧米をめぐりて」一一頁。
(76)同右、一一頁。
(77)柴田敬「経済の新体制に就て」『公民講座』第192号、一九四〇年、二六〜二八頁。
(78)『新版増補　経済の法則を求めて』七五〜七七頁。森田優三「留学中の憶い出」『大道を行く』九二〜九三頁。

(79)『地球破壊と経済学』一五〇頁。柴田の山口高商羊牢会における後輩だった湯藤實則は山口高商時代に柴田と議論した際、柴田が「理論は理論によって破れる。しかし、早暁、東天遥かに昇る真紅の太陽を眺める瞬間、そこに、何んともいえない力強いものを感じる。このインスピレーションは、理論を超えた真実である」と話していたという（湯藤實則「畏友柴田敬兄の思い出」『大道を行く』二〇三頁）。

(80)『地球破壊と経済学』一一三、一五〇～一五一頁。

(81)「箱根丸神戸へ帰る」『読売新聞』一九三八年五月一五日、朝刊七面。

(82)柴田敬「ケインズの『一般理論』に就いて」『経済論叢』第48巻第4号、一九三九年、三八～三九頁。英文はShibata, K., "Further Comments on Mr. Keynes' General Theory", *KUER*, Vol. 14, No. 1, 1939, pp. 50-52。

(83)柴田敬「ケインズの説に就いて」『経済学論集』第9巻第1号、一九三九年、四二～四四頁。

(84)同右、二八頁。

(85)同右、三一頁。

(86)柴田敬「ケインズの『一般理論』に就いて」『経済論叢』第48巻第4号、一九三九年、四一頁。

(87)同右、四一～四二頁。

(88)「ケインズ『一般理論』に関する諸問題」八二～八三頁。

(89)「ケインズの説に就いて」三一頁。

(90)Shibata, K., "Some Questions on Mr. Keynes' General Theory of Employment, Interest and Money", *KUER*, Vol. 12, No. 1, 1937. および Shibata, K., "Further Comments on Mr. Keynes' General Theory", *KUER*, Vol. 14, No. 1, 1939. なお日本語論文と英語論文とを比較すると日本語論文の方がより柴田の資本主義観（第5章参照）が明瞭になっている。

(91)Dillard, D., *The Economics of John Maynard Keynes: The Theory of a Monetary Economy*, New York, Prentice-Hall, Inc. 1948, p. 58. 岡本好弘訳『J. M. ケインズの経済学』東洋経済新報社、一九五〇年、七二頁。

(92)『地球破壊と経済学』一五四頁。

(93)「資本主義と支那事変」一五五頁。

(94)「ケインズの『一般理論』に就いて」五三頁。

第5章　戦争の中で

1　日本経済革新案と新体制運動

日本経済の現状分析

柴田は留学からの帰国後、資本主義が危機に陥っているという自身の考えを立命館大学で講演したところ、太田義夫（当時立命館大学教授、戦後京都産業大学教授）から特高警察が講演の内容を根掘り葉掘り聞いていったので言動を慎んだ方が良いと忠告された。しかし柴田は「この論自体は何の政治性もない、単なる学究的研究の結果であるから、それについてうんぬんいわれるはずはない」と思い、その後も資本主義崩壊論や日本経済の革新の必要性を講演や論文で訴えた(1)。柴田は東大経済学部の本位田祥男らが「学界に残存する自由主義の徹底的粉砕と国家主義の高調、思想的経済的な挙国一致体制の確立」[2]を目指して一九三八（昭和一三）年七月に結成した「革新社」に作田荘一や京大経済学部の同僚の谷口吉彦（河上肇門下、昭和研究会委員）らと共に参加し[3]、理研コンツェルン統帥の大河内正敏の支援により刊行された革新社の雑誌『革新』[4]創刊号にも、経済学を日本経済の現段階の立場に役立つように革新していかなければならないとする文章を載せるなど[5]、活発な言論活動をするようになる。

柴田は一九四〇年に、なぜ独占資本主義を革新しなければならないのかを経済理論の上から説明している[6]。柴田によれば、日本経済は明治以降政府の努力と払い下げによって資本主義的産業の発展を成し遂げたが、後進国であるがゆえに「機械的生産技術の低位なる事」「重工業的産業規模の狭小なる事」「富源の枯渇せる事」「民度の低き事」という問題を抱えている[7]。第一次世界大戦で日本経済は一大飛躍したものの、国際社会を見ると同大戦を契機に戦争の様態は一変し、「内燃機関を有せる飛行機、タンク［戦車］の如き精鋭なる武器」が重要な役割を果すようになった。しかしこれらを大量に生産し運用していくためには依然として存在する上記のような日本経済の問題点が大きな桎梏となる。

夫等の武器は一方では内燃機関を有するものであるが故に極めて高度の精密性を従つて極めて高級なる工作機械の生産利用技術を要求するものであり、他方では一種の消耗品であるが故にそれの補充の為に極めて大なる規模の重工業的産業体系の存在と豊富なる富源の存在とを前提とするものであり、更に夫等の機械的技術に民衆を慣れしめる為にも、又内燃機関を有する武器を以てする攻撃に堪へ得る住宅其他の施設を保有せしめる為にも極めて高き民度を必要とするのである。即ち明治時代に於ける特殊的人為的発展策に依つて日本がその点に於て重大なる欠陥を有するに至つた所の其等諸点を、愈々致命的なる欠陥たらしめる如き事情の変化が世界史の舞台に於て生じてゐたのである。即ち……第一次欧洲大戦は実は日本に対して明治維新当時の内外情勢が日本に課してゐたのよりも更に重大なる難題を投げ掛けてゐたのである(8)

こうした日本の問題点は一九三九年の「ノモンハンの事件及び「第二次大戦初期の」ドイツの電撃戦の実績」でますます明らかとなっている。したがってこれを克服するためには「新しき時代の指導の任に堪へ得る原理に立脚したる体制に国内自体を編成替え」していく必要があるが、資本主義の発達によって「資本に捉はれざる国家の立場に立つて新しき時代に処する途を考へると謂ふ事が兎角行はれ難くなつてゐた」。柴田は独占が一般利潤率の低下をもたらすという自身の理論的結論を解説し、資本主義は独占化を通じて日本の国民経済に様々な不利な作用をするようになっていると主張する。

資本主義の独占段階への進展は、……直接間接に企業の見込利潤率を圧迫する。従つて、元来資本主義の発展段階に於ては、不況が続けば金融機関の手許に次第に資金がダブついて来るやうになり、やがて金利が充分に引下げられ低い率の見込利潤しか約束し得ないやうな事業の着手をも可能にするやうになり、景気が出て資金が市場に流出して行くのであり、これが各種生産物の生産期間や各種生産物流通用現金所要量やに於ける異同等々の関係と相俟つて所謂景気変動となり、又、金の生産量の変化と相俟つて所謂長期景気波動ともなつて現はれたものであるが、資本主義が独占段階に入つて一般的見込利潤率が右の如く低落してしまふと、銀行が如何に貸付利率を引下げて見た処で、銀行の行ひ得る程度の貸付利率引下げを以てしては、充分に多くの授業の着手を可能にすることが非常に困難になるので、生産物と生産要素と資金との過剰が、恒常的となり、不景気の執拗性が頓に加はつて来て、所謂景気変動理論乃至所謂景気波動理論からすれば景気上昇を見得べき条件のある場合にも景気上昇は容易に来らず、景気下降を見ざる筈である場合にも早や景気下降を見る事となるのである。(9)

こうした「一般的見込み利潤率」(期待利潤率)の低下による通貨供給の無効性などの独占資本主義による弊害により、国民経済は動脈硬化症(長期に渡る景気の低迷)に悩むようになるが、それは生産活動の萎縮を伴い、さらに「資本投下一定額当りの雇用労働者数を減少せしめる所の固定資本の増加、即ち所謂資本組成の有機的高級化」を伴うため失業は増加し、社会不安が激化する。更に独占資本主義は植民地を求めて各国の帝国主義的活動を活発化させ国際的緊張を高める。これらは因となり果となって日本経済を停滞させ、「世界的戦争の危機が愈々成熟せる段階に及んで国防国家体制の確立を愈々妨げてゐるのである[10]」。

独占企業の「公社」化

以上のような分析から、柴田は「此の際思ひ切つて資本主義の体制に手を付けねばならない」と主張する。そして資本主義体制をどのように変革するのかについての柴田の具体的な案は、恩師の作田荘一と相談してまとめたものだった[11]。作田は人類が生れながらに所属する「基本団体」として最も重要なものを「国民団体」とし、それはさらに多数の人々が同一の目的を実現していくために仕事を分担する「共同組織」と、個人がそれぞれの目的を実現するために互酬関係を取り結ぶ「相互組織」とに分かれ、前者が国家，後者が社会にあたるとする[12]。したがって相互主義に基づく資本主義によって貧富の格差などが生じ資本主義が行き詰ってきたからには、国民団体の一部を代表するものでしかない社会による統制（サンディカリズム、ギルド社会主義等）や階級による統制（金融トラストや労働者独裁）は不十分であり、共同組織である国家が「国家意志」によって「共同主義」に基づき「統営」（統制による経営）を行わなければならないことになる[13]。

一九三九（昭和一四）年に満洲国の建国大学副総長（総長は満洲国国務総理大臣が兼任したので実質的な責任者）となった作田は同年に同大学において資本主義の会社に代わる「公社」の創設を提唱している[14]。資本主義に基づく会社は「貧富ノ懸隔」や「生産力ノ並行的増進ヲ妨ゲテ生産ノ進展ヲ阻害スル」など様々な問題を抱えている。「殊ニ現時ノ如ク国民経済ガ国防経済ヲ主トスル情勢ノ下ニテハ、格段ニ増大セル国家需要ノ財貨ガ、モト商品性ヲ具ヘザルニモ拘ラズ、在来ノ資本企業ノ商品トシテ供給セラル丶ニ至リ、会社企業ハ殆ド国富ノ分配ヲ偏ラシムル為ニ存スルカノ観ヲ生ジタリ」。したがって「会社ニ代ルベキ新時代ノ公社ヲ創設スル」ことが必要であると作田は訴える[15]。作田の案では、公社を「国家発起」と「民間発起」とに分け、国家に対する供給や庶民の生活必需品供給のためには国家発起の公社が必要であり、一方で民間人の創意工夫に任せるべき事業については現在の会社を公社化していく。これらの公社は国家によって配当された生産諸力（資源、資材、労力、技術、調達）に基き「ソノ目的トスル財貨、勤労、又ハ資金ノ供給ニ関シテ毎年計画ヲ立テ国家ノ認可ヲ受」け「認可サレタル供給ニ就イテハコレヲ遂行スル責任ヲ負フ」[16]。公社の成績は貨幣的評価による利益・資産の増減と共に実物の品種及び数量による評価を行い、公社収益は公社運営のために提供された資金への利子配当と国家への納付金に充てられる。作田はこのような公社案について「満洲国ノ特殊会社」「南満洲鉄道株式会社」（満鉄）などの特殊会社が事実上公社に近いことを指摘しており[17]、満洲国の統制経済の体験が作田の公社案に影響を与えていることがわかる。

こうした作田による、共同主義に基づき国民経済を公社に再編成していくことにより国民団体を上から国家が「国家意志」によって統治していこうとする発想を基に、柴田は自身の経済革新案で、経済国防を確立し東亜新秩序を建設するために「技術の現発展段階に適合した計画経済の体制」[18]が必要であり、そのように「国民経済を革新する為には、企業の体制と、夫を中央と結ぶ機関の体制と、中央の体制とをすべて革新せねばならぬ[19]」として経済のみならず国家組織の全面的な革新を訴えた。具体的には生産性の向上と国防のための機械を導入していくために、独占企業を社団法人であり「国家機関としての使命感に従つて、而も官庁組織の外に在つて産業活動を為すところの公法人[20]」である公社とすることを提言している。柴田の案は産業指導機関が公社社長を任命し、その経営は経営監査院が査定することで独占利潤を排除して国家の目標とする生産を行っていくという、上からの指導を重視する経済再編成案であった。柴田は労賃及び価格を固定化し「停止価格と生産費より割出された価格との差額を、或は上納金として国庫に納めしめ、或は反対に補助金として国庫より補給すること」によって独占利潤を排除すると共に、赤字であっても必要な産業に補助を与えて生産を奨励することを提案した[21]。

柴田が作田の思想に強い影響を受けていたことは、「歩一歩、新秩序――それは動脈硬化に陥れる資本主義を清算し国家意志に依つて統営される所の、且、生産力の現段階に照応せる国防産業の基礎を其の内に保有するほどの地域を擁する所の、諸々の経済ブロックに依つて、構成されるであらう――の建設に向つて進んでゐるやうに見える[22]」（傍点筆者）と作田の言葉を用いて世界の動きを説明したり、「共同主義」や「日本国民団体」という用語を用いながら日本経済革新案を提唱していることからもうかがえる。柴田の日本経済革新案は自身の景気循環研究と独占資本主義に関する理論的な研究に、満洲国の統制経済の体験、そして作田の国家観が加わったものだった。

新体制運動との関わり

柴田の回想によると、一九三九（昭和一四）年一〇月頃に柴田ゼミ出身者の早水親重が柴田を訪ねてきた。早水は京大卒業後に満洲国の大同学院（中堅官僚研修機関）を出て満洲国官僚になった後にそこを辞職し、上海の支那派遣軍特務部で特務機関の指導と情報収集の仕事をしており、支那派遣軍司令部参謀の小野寺信中佐が上海で日中戦争早期解決を図るために設立した「小野寺機関」の協力者だったが、影佐禎昭大佐を長とする「梅機関」が進めていた汪兆銘擁立工作と衝突し上海を退去していた。[23] 柴田が早水に日本経済革新案の腹案を話したところ、早水は近衛文麿の息子の文隆を連れてきて同案を文書にするように要請した。近衛文隆は早水と共に上海における小野寺機関の協力者だった。[24] 柴田は早水と文隆に促され一二月に上京して近衛文麿に経済革新案を説明した。しかし近衛本人は同案にはあまり関心を示さず、後で文隆は近衛が「柴田という男は夢見る人だ」と述べたと柴田に伝えた。[25]

一方、柴田は一九三九年二月に博士号を授与され（第3章参照）五月に経済学部教授に昇進し、さらに一〇月には東アジアに関する人文科学の総合研究を行うことを目的として石川興二らの努力により設置された京都帝国大学人文科学研究所教授を兼任することになるが、同研究所の柴田研究室に上村鎮威（戦後高知大学教授）が助手として採用される。上村は一九四〇年二月に京都市議の国島泰次郎や京都市社会課の漆葉見龍、石田良三郎、労働運動家の井家上専らによって戦時下の厚生政策について議論するために発足した「厚生政策研究会」に参加していた。同研究会では柴田の京大経済学部の同僚でナチス経済体制の研究を行っていた中川與之助を講師に招いてナチスの社会政策を研究したり、大河内一男（東京帝国大学）や穂積七郎（労働運動家・戦後日本社会党衆議院議員）が講師として招かれていた。また大河内や穂積らが昭和研究会に参加しており、穂積が近衛文麿のブレーンとも言われていたこともあり、昭和研究会とも情報交換を行っていた。[26]

恐らくこうした厚生政策研究会の活動により、一九四〇年二月ごろ「近衛公が近く新体制運動というものを始めるらしい。その指導原理は京大の柴田が与えたものらしい」という噂が京都で流れるようになった。上村から柴田の経済革新案を耳にしたと考えられる漆葉見龍の要望により柴田は経済革新案を厚生政策研究会で発表した。柴田の革新案を基にして八月に「新体制研究会」が発足し、柴田のほか国島、漆葉、谷口吉彦、田中直吉（政治学者、滝川事件で京都帝国大学法学部講師を辞職した後に立命館大学教授、戦後法政大学・東海大学教授）、京都日日新聞・京都日出新聞の社長、京都商工会議所会頭らが発起人として参加し、石田と上村らが事務局を担当した。[27] 柴田の経済革新案は一〇月に有斐閣から『日本経済革新案大綱』として出版され、「第二の「北一輝の」日本改造法案」と呼ばれるなどかなりの反響があった。[28] 一一月中旬に開かれた新体制研究会主催の錬成会では講師として柴田のほか勝間田清一（企画院調査官、戦後日本社会党委員長）、竹本孫一（企画院調査官）、尾崎秀美（朝日新聞論説委員、のちゾルゲ事件で死刑）、穂積七郎および兄の穂積五一（社会教育家、至軒寮主監）らが招かれた[29]。

また労働運動家の水谷長三郎、加藤勘十（共に戦後日本社会党衆議院議員）らが大阪で新体制研究会を創設しようという動きがあり柴田が新体制案について講演したが[30]、当時第二次近衛内閣の商工大臣として経済新体制に強く抵抗した小林一三など、大阪を中心とした財界からは強い反対を受けた[31]。柴田の革新案は官僚からも必ずしも支持を得られなかったようであり、当時大蔵省理財局金融課長・企画課長で一般的には革新官僚に分類されていた迫水久常（のち鈴木貫太郎内閣書記官長、戦後衆議院議員・参議院議員）は「京都大学の柴田氏」は「気違い（原文ママ）のような統制論者」であったとし、「あの人の議論については、どうも逆の立場に立たざるをえなかった」と回想している[32]。柴田は新体制研究会のメンバーとの座談会で、日本経済革新案を「赤（社会主義）」と批判する意見に対し、「マルキシズム盛んなりし時から、私は敢然としてマルキシズムに対抗して続けて来た。小さいながら戦士の一人として闘つて来た者であります。その私を摑へて赤とは何事であるか……[33]」と強く反論していた。

しかし新体制運動は財界や政党政治家、観念右翼などの巻き返しにより尻すぼみとなり、一二月に第二次近衛内閣で閣議決定された経済新体制確立要綱は利潤追求を原則として認めるなど、資本主義体制を維持していく色彩の濃いものとなった。この前の一一月一〇日に東京で開かれた紀元二六〇〇年式典に参列した柴田は、新体制運動の結果に失望した近衛文隆から「私の父はダメです。アヤマロ（文麿）ではなくアヤマル（誤る）です。キゲン（紀元）は二六〇〇年ではなくキケン（危険）は二六〇〇年です」と聞かされた。[34] 新体制研究会の活動は一九四一年三月頃まで続き、そのメンバーは一九四〇年一〇月に発足した大政翼賛会の京都における重要な部署についたが、[35] 大政翼賛会は官僚機構に組み込まれ「革新」とは程遠い結果になった。

2　戦時下の活動

新体制運動後の実践活動

柴田自身は回想では新体制運動後に当時の事態の動きに悲観的になり、「書斎に引きこもって、私の案の根底にあるものの考え方を経済理論として展開し直す決意をした[36]」と書いているが、実際にはその後も様々な活動に参加していた。一九四〇（昭和一五）年一二月には全国水平社の流れをくむ部落厚生皇民運動の幹部講習会で穂積五一や岡本清一（戦後同志社大学教授、京都精華大学初代学長）らとともに講師を務めている。[37]

この頃の柴田は石原莞爾の提唱する東亜聯盟論に影響されており、一九三九年に発足した東亜聯盟協会のブレーンの一人となっていた。[38] これは当時石原の東亜連盟論に賛同していた田中直吉、[39] あるいは建国大学創設に当たり石原と会談して高く評価していた作田荘一[40] のどちらかあるいは両方からの影響によると思われる。『日本経済革新案大綱』では「東亜経済新体制」にも言及されており、「東亜聯盟諸国」の経済省の代表者によって「東亜経済協議会」が構成され、「東亜聯盟諸国をして其の夫々の経済計画の立案に際し相互に連絡をとり夫々の経済計画を相互に補完的共助的なるものたらしめる如き協定に達せしめることを使命とする」とされている。(41) 一九四一年初めに柴田は建国大学教授の中山優を通じて石原から「日本の戦争経済の裏面的指導」の要請を受けたが辞退したという。(42) しかし同年七月には当時立命館大学国防学研究所の所長をしていた石原らとの座談会「世界最終戦論討議」(参加者は石原、柴田のほか石川興二、田中直吉、黒田覚(京大法学部)(43))に参加して、世界最終戦争に備えた経済体制のあり方について石原に熱心に質問するなど、石原との関係を持ち続けていた。

この当時柴田は陸軍が日本及び仮想敵国・同盟国の経済力を分析するために結成した陸軍秋丸機関(陸軍省戦争経済研究班)と関係していた可能性があるほか、(44) 海軍と関係を持っていた。太平洋戦争開戦直前の一九四一年一一月には高木惣吉海軍省調査課長(大佐)から「対米戦争になった場合どうすべきか」ということについて意見を求められ、「日本の経済力はとても対米戦争に耐えない」という趣旨の回答をしたとしている。(45) 高木の日記には柴田に関する記述は無いものの、高木は一九四一年一一月二三日前後に京都を訪れており、二三日の日記にメモ書きの形で「戦力ノ持久性　軍需物資ノ生産供給　国民生活ノ維持　労働能力ノ持続　国民精神ノ昂揚、堅持」また「十六年度　鉄、四六〇万屯(十五年三八〇万屯)鋼、四七〇万屯　アルミ　七、四(原文ママ)石油　十六年度末　補完　〃　〃　[十六年度末]三月分、軍需充当」といった記録を残しており、(46)

世界最終戦論討議

世界最終戦論
・討議・

石原莞爾
黒田覺
石川興二
柴田敬
田中直吉

世界最終戦論討議

座談会「世界最終戦論討議」（『改造』1941年７月時局版）。１枚目写真は石原莞爾。２枚目左上写真が柴田敬、右上写真は石川興二。

柴田が数値を挙げて日本経済の現状と戦争に突入した際の資源の動向について説明したのではないかと考えられる。恐らくこうした理由もあり、当時柴田は日本の経済力を知るための「年々の生産物」（現在でいう国内総生産）測定法の研究を続けていた。[47] 柴田は早い時期から多くの統計を用いた経済分析を行っており、また経済力測定法として日本でも利用が試みられていた産業連関分析を考案したレオンティエフとはハーバード大学で親しい交流があったため、何らかの形で陸海軍に関わっていたと考えられる。

なお柴田は敗戦直後の手記において、高木惣吉が太平洋戦争開戦後の一九四二年春に再び京大を訪れ、柴田に「あなたは国内革新を断行してかゝるのでなければ勝てるものではないと言って居られたが、革新をやらずともうまく行くじやありませんか」と言ったのに対し、アメリカの経済は大きく、思わざる戦果でアメリカに作戦的誤算を生ぜしめたであろう今のうちに国内革新を断行し、中国からの撤兵を敢行し、今度の戦争が聖戦であるということを実行を以て示さねばならないと説いたとしている。[48] 高木は一九四二年六月一五日に京都を訪れ京大法学部や経済学部、文学部連合の歓迎会に参加しており、その際のメモに「開戦以来ノ戦果ハ戦前ノ予想ニ倍ス。六ヶ月ニシテジヤバ戦定ノ計画ガ三ヶ月ニテ済ム。石油第一年度消費五〇万屯。（二二〇万屯＋八〇万屯）」などと記録している。高木が緒戦の成果を高く評価していたことがわかる一方でやはり柴田と経済戦力について議論していたのではないかと考えられる。[49]

また、高木は陸軍に対抗するために京都学派の哲学者の田辺元、高坂正顕、西谷啓治、高山岩男や歴史家の鈴木成高、さらに谷口吉彦など知識人による海軍のブレーン・トラストを結成していた。田辺や高坂らは海軍の要請と協力により定期的に時局を論じる会合を行っていたが、同会合を記録した大島康正のメモ（大島メモ）には、一九四三年三月二日の会合で生産増強の問題に関し「○経済の dynamik にふれざるを得ぬ。（田辺）○この辺で得られるいい人を得て話をきくこと。（西谷）○柴田氏の話をきくこと。○価格構成の理論。」という記述があり[50]、この「柴田氏」は前の「この辺で得られるいい人」という記述と合わせると柴田敬のことと思われる。京都大学経済学研究科・経済学部図書室の柴田文庫（柴田の旧蔵書）には、高坂正顕の署名入り『象徴的人間』（弘文堂、一九四一年）および高坂、西谷、鈴木、高山の署名入り単行本版『世界史的立場と日本』（中央公論社、一九四三年）が所蔵されており、京都学派の哲学者たちと柴田との戦時下の交流を窺わせる。『世界史的立場と日本』は高山・高坂・鈴木・西谷の座談会を収録したものであり、この中で高山は、「近代世界観」「近代経済学」は欲望の充足を求めて行動する「経済人」を前提としてきたが、総力戦下において「経済人」は道義的精神を含むことによって「全体人」に還り、それが近代世界観からの世界観の転換となるとしていた[51]。また鈴木と西谷は『文學界』上で一九四二年に掲載された著名なシンポジウム「近代の超克」に参加している。こうした京都学派の哲学者と同様に、柴田も同時代を「世界史」における転換期とみなし、近代の象徴である資本主義を「超克」するための努力を続けていく。

戦時下の研究

一九四一年から四二年にかけて、柴田は『日本経済革新案大綱』が経済の制度に関するものであり、経済理論に関するものではないことに限界を感じ、「資本主義経済論理」を乗り越える新経済論理の研究に力を注ぐ。柴田は「日本的なる共同的全体主義の経済論理の方が資本主義の経済論理よりもより高き生産性を有する」ということを数値例を用いて論証できたと考え『経済論叢』に次々にその結果を発表していたが、一九四二年二月にイギリス領シンガポールが陥落して「[日本名] 昭南島の誕生を見たので、最初の計画を急変し、全部をまとめ直して一小著となし、以ってこの輝かしき新世界史の黎明に寄せることにした」[52]のが『新経済論理』(弘文堂、一九四二年)である。

柴田が同書で言おうとしたことを現代の経済学から解釈すると次のようになるだろう。[53]要素所得と企業利潤を合わせたものを柴田は純生産物と呼んでおり、簡単のために供給量が変化する生産要素は労働のみであるとする。この純生産物を最大化する場合、賃金は労働の限界生産力より大きくないといけない。競争的資本主義経済では利潤最大化のため賃金は労働の限界生産力に等しくなるがそれでは純生産物は最大にならないため、利潤最大化を目的とする資本主義経済から純生産物の生産最大化を目的とする「共同体的全体」主義的経済論理への転換が必要である。

こうした理論的研究は直接には戦争というよりも、資本主義から「共同体的全体」主義的への転換という「世界新秩序」への対応のために行われたものだったが、「東亜に永遠の平和をもたらすべき新秩序を建設するといふが如き大事業を完遂するためには、結局、全世界を相手として事に処するの用意が必要となるのであり、従つて、世界新秩序の建設に向つて実践するといふ方法によることが必要となる[54]」と柴田が述べているように世界新秩序のためには東亜新秩序の建設、つまり「大東亜戦争」での勝利が必要であった。したがって「共同体的全体」主義的経済論理は当然戦力（兵器だけでなく労働力や軍需品生産力を含めた国防力）の増強をも意図したものであった。一九四四年卒の柴田ゼミ生の笠井昌二は第一回ゼミで柴田が次のような挨拶をしたと回想している。

太平洋［大東亜］戦争に勝つためにはどうしたらよいか、戦争に勝つための経済理論を多くの人が説いているが、資本主義の先進国アメリカに後進国の日本が極大利潤を求める資本主義体制で生産しても物量戦で勝てる筈がない。資本主義を越えた新らしい経済論理を確立し極大生産を行う生産構造に変革しなければ勝利は得られない。今年のゼミは「新経済論理」により資本主義的戦争経済理論を総批判し、その成果を著書として出すつもりだからしっかり勉強してもらいたい[55]。

ゼミでは「資本主義的戦争経済理論」と考えられた中山伊知郎の『戦争経済の理論』（日本評

論社、一九四一年）や難波田春夫（東京帝国大学）の『戦力増強の理論』（有斐閣、一九四三年）を取り上げ、それらの検討結果が『新経済学批判』（山口書店、一九四三年）として刊行された。

また、前述のように建国大学副総長になっていた作田荘一は柴田に建国大学での経済原論の集中講義を依頼し、柴田は杉原四郎らの協力で経済原論の講義案をまとめて一九四二年七月から九月および一九四三年八月から九月に満洲国に渡り建国大学で講義を行っている。この講義案からは柴田による「新しい体制には新しい経済原論が必要である」という考えが良く読み取れる。ここで「経済変態論」は経済原理の変化に伴う経済体制の変化を扱う論理、「経済本態論」は変化を基礎づけるメタな論理である。

新しき経済体制は経済変態論の示すところに従つて従来の経済体制の下に於ける経済論理そのもの、中からやがてはそれを否定するものとなるべき力としてはらまれ育てられてゐる筈であるが、しかも新しき経済体制は古きそれから自然必然的に生成するものではなく其の転化の過程に於てはこれから克服されるべき経済体制によつて既に克服された筈の更に古きそれまでが新しき経済体制の候補者として現はれ、それらの多くの候補者が争ふのであり、其の間にあつて真に新しき経済体制を構想し建設せんとするところの実践活動によつてはじめて招来されるのである。従つて新しき経済体制を建設する道を明らかにする事こそは経済原論の結論とするところであらねばならぬ。而るにその新しき経済体制の構想は飽くまで一般的本質的なる経済原理によつて指導さるべきであり、従つて経済本態論によつて指導さるべきものである。従つて経済本態論はすべての経済理論の前提たると同時に結論たるべきものである。[56]

柴田の経済原論講義はソ連型「全体主義経済」でもなく「資本主義経済」でもない「共同的全体主義経済」の建設を論じて終わっている。建国大学学生として柴田の講義を聴いた林信太郎（戦後通産官僚、ジャスコ（現・イオン）副会長）は「経済行為は協（原文ママ）同体的社会組織が基礎である」という内容が深く脳裏に残っており、「若々しく、熱っぽく、諭すように整然と進められる講義姿に深い感銘を覚えた」と回想している。[57] この講義案を基に『経済原論』（弘文堂、一九四三年）が刊行されている。

なお柴田に講義を依頼した作田自身は一九四二年三月の中国人学生大量検挙事件の責任を負い建国大学副総長を辞任して帰国していたが、建国大学には柴田の尽力により赴任して公社研究を行っていた山本安次郎[58]（戦後京都大学教授）や、作田及び石川興二門下の筒井清彦（前国民精神文化研究所助手、戦後大分大学教授）らの多くの京大出身者がおり、柴田は建国大学でこうした研究者たちとかなり交流を持っていたようである。[59]

3　時代との関わり

京都市役所内左翼グループ事件・満鉄調査部事件

一九四二（昭和一七）年二月、新体制研究会にも何度か参加した小柳津恒（戦後全国商工団体連合会（全商連）常任理事）が治安維持法違反および不敬罪容疑で検挙され、拷問を含めた厳しい取調べが行われる中で小柳津の交友関係が共産主義運動とみなされ[60]、三月から五月にかけて新体制研究会参加者のうち漆葉見龍、石田良三郎、井家上専、国島泰次郎および新体制研究会には直接関係しないが元京都市社会課職員で当時東亜研究所所員の岸本英太郎（戦後京都大学教授）が「共産主義実現を意図せる啓蒙運動」を行ったとして検挙された（京都市役所内左翼グループ事件）。内務省警保局編『社会運動の状況』では、石田、漆葉らが「産報［産業報国］運動及新体制運動を革命的勢力たらしむべく、逆用すべき政治的実践理論の樹立を希求し、当時進歩的意見の主張者として台頭しつつありたる、京大教授柴田敬・同中川與之助・東大教授大河内一男並に穂積七郎等を招聘講演を為さしめ、之が意見を吸収し、政治的・経済的実践理論の研究を図り、其の活動過程に於て左翼分子を獲得すべく企図し」たと記されている[61]。石田らは治安維持法違反容疑で起訴されたが、そもそも強引な捜査と起訴であったため一九四三年二月に石田と岸本に執行猶予付き判決が下され、他は起訴猶予や不起訴になった[62]。不起訴になり釈放された国島は柴田に、取り調べでは「自分は柴田教授の経済革新案をみんなの前で講義しただけだ。だから自分をひっくくるのなら柴田教授もひっくくれ」と頑張り通したと言ったという[63]。

さらに一九四二年九月、柴田の経済学部のゼミに参加していた京大人文科学研究所助教授の大上末広が京都憲兵隊に検挙される。大上は京大大学院で作田荘一の指導を受けた後、外務省支那留学生を経て作田の紹介で満鉄の経済調査会にいた京大の先輩の天野元之助（中国農業史研究者、戦後大阪市立大学教授）の斡旋により満鉄に入社し、経済調査会にマルクス主義的分析手法を導入した。大上が『満洲経済年報』で講座派マルクス主義的手法を用いた満洲経済分析を行ったことに対して鈴木小兵衛らが批判を行ったことで「満洲経済論争」が起きている。経済調査会が産業部を経て調査部になるとそこの経済調査役室一般経済係主任となって指導力を発揮し、さらに東亜経済研究所調査員を経て一九三九年一一月から人文研助教授になっていた。しかし満洲国の治安当局は満鉄調査部をマルクス主義の牙城とみなし、特に大上は満鉄調査部にマルクス主義を持ち込んだ張本人とみなされたため、一九四二年九月に満洲国治安維持法容疑で検挙されてしまう（第一次満鉄調査部事件）。柴田と作田は大上が満洲に連れていかれることを危惧したが[64]、結局大上は満洲国の首都新京（現・長春）に連行され、一九四四年三月に新京監獄未決監で発疹チフスに罹り獄死する[65]。

なお天野元之助は、上海で勤務していた時に京大経済学部に三回集中講義に行き柴田と親しくなっていたが、一九四三年七月に第二次満鉄調査部事件（石堂清倫らが検挙）が起きたため、九月に満鉄調査部を追われて総務局大連勤務を命ぜられ、いつ検挙されるかわからない不安な毎日を過ごしていた。ある日、建国大学に集中講義に来ていた柴田が大連に天野を訪れて「その筋の人」から天野の身柄を拘束しないという話を聞いたのでそれを知らせに来たと告げ、天野は心から柴田の友情に感謝したという[66]。

終戦工作

柴田は一九四四（昭和一九）年春の「新経済論理」を説く講義の中で、アメリカと日本の生産力を統計数字を使って解説し、日本の勝利はかなり難しいということを学生にそれとなく暗示していたという[67]。

同年八月に柴田は陸軍主計少尉として召集され久留米の歩兵第四十八連隊に入隊し、その後南京の支那派遣軍総司令部経理部に配属された。ある日柴田は経理部長の清水菊三中将から、軍事物資を調達するのに紙幣（南京国民政府（汪兆銘政権）の中央儲備銀行が発行する儲備券）が足りないが印刷能力に限度があって思うように増発できないため、紙幣の数字に0を一つ付ければ紙幣の発行金額は十倍に増やせるのではないかという意見が参謀部から出ているがどう思うかと質問された。柴田は第一次大戦後のドイツのインフレの例を挙げて、中国のインフレの現状は末期症状であるためそれは無謀であると指摘した。念のため柴田は中央儲備銀行顧問の木村増太郎

(もと山口高商教授、東京商工会議所理事を経て同銀行顧問)[68]や南京国民政府経済最高顧問の小倉正恒(六代目住友総理事)、日本大使館上海駐在参事官で華興商業銀行理事だった岡崎嘉平太(戦後全日空社長)と相談したがいずれも柴田の意見を支持した[69]。なお、当時陸軍主計少尉で上海にいた石村暢五郎(戦後日本大学教授)は一九四五年一月に、所属していた部隊への前渡金が送られて来なくなったために南京の総軍司令部に駆け込み、そこで福岡商業学校の先輩の柴田に会った際、「日本軍がいま雲南省で原子爆弾の原料であるウラニュームを買っているので、金(かね)が出せない、一、二箇月なんとか食いつないでくれ」と言われ、また「儲備券が五百元までの紙幣だったので大額紙幣を出すことに対して、君はどう思うか」と質問されたという[70]。

これを機会に清水中将の信頼を得た柴田は軍の最高秘密の情報を得られるようになり、事態がますます絶望的であることを知り、何とか活路を見いだそうとして次のような和平案を考える。それは「支那派遣総軍を取りあえず黄河の線まで撤収して軍事的には完全な防禦体制に移行し、東亜諸国の民族的解放運動の指導者たちと共同戦線を張ることのできるような政治家や学者たち――これまでは軍部によって国賊呼ばわりされ弾圧されて来た――に最高指導を委ね、軍はそれに聴従することにする」「戦いに勝つということは、戦争目的を達成するということである。その目的達成のための手段が武力であるか否かは、第二次的な問題である。ところが大東亜戦の目的は、東亜を米英の帝国主義的支配から解放して東亜に永遠の平和をもたらすことにある、と、御詔勅に示してあるが、この目的は武力という手段では達成できぬ、ということがすでに歴然としている。とすれば、あとに残された戦勝の道は、科学――その中でもことに社会科学――的な真理の力に頼ることしかない」というものだった[71]。

柴田によればこの案を聞いた清水中将は「勝つ道がまだ残っていたか」と感激し、岡村寧次支那派遣軍総司令官の賓客として南京を訪れた右翼思想家の大川周明にも説明したところ、大川は「誰が考えても、これ以外のことはありえない」と折り紙をつけたという[72]。しかし大川の日記を見ると一九四五年一月三〇日に「柴田敬氏は京大教授で経済学博士、作田博士の弟子で八月応召、真面目な人物」と書いており柴田の人柄について評価している一方、二月二日の日記には「午前柴田博士の経済学的観点よりする大東亜戦現段階に於ける戦捷方略を熟覧す。中南支を放棄し、北支に拠つて戦へといふ意見だ。北支を第二の満洲国たらしめんとするもので、世界史の動向に逆行するもの。」と書いており、実際には柴田の案には否定的な評価をしていた[73]。

柴田は清水中将の計らいにより雑務から解放されて撤兵建議案の成文化に専念するが、建議案ができた直後に柴田に対し東京への転任命令が下る。清水中将から各方面への紹介状をもらい東京に転任した柴田は、軍需省航空兵器総局で中島飛行機を公社（軍需工廠）化する仕事に従事する。

中島飛行機の公社化には実は作田荘一が密接に関係しており、柴田の南京から東京への転任も作田の意見によるものだった可能性が高い[74]。当時航空兵器総局長官だった遠藤三郎中将は一九三九年から四〇年にかけて関東軍参謀副長兼駐満洲国日本大使館武官を務めており、当時建国大学副総長をしていた作田と何らかの交流があったと思われる。作田は一九四三年頃、戦力を増強するために営利に基づく株式会社を「国本タル惟神ノ道ニ於ケル産霊ノ業」により生産を行う「公社」に編成し直すことを訴える「征戦即応ノ産業体制」という文章を、柴田の経済革新案の原案になった自身の公社案を附して遠藤中将に送付している。遠藤中将は作田の案を「啓蒙セラル、所極メテ大ナリ」と高く評価し、自分で小冊子にして「小磯総理大臣閣下ヲ始メ為政要路ノ各位ニ謹呈」した[75]。さらに遠藤中将は作田を招いてその意見を参考にし、従来の株式会社を軍の工廠に改め、全従業員を軍籍に入れるように小磯国昭総理大臣や杉山元陸軍大臣に働きかけた[76]。

既に一九四三年一二月に軍需会社法が施行され、主務大臣に地位を保障された生産責任者が取締役会や株主総会の認可を得ずに国家に対する責任として生産拡充のための必要な業務を執行できるようになっており、柴田もこれを高く評価していた[77]。さらに遠藤中将の働きかけもあり一九四五年二月二八日の閣議で「危急戦局下軍需生産企業ノ体制及運営ニ関スル大綱」が決定され、軍需会社法を徹底して情勢により国営化を断行するという方針が明らかにされ、特に航空機の生産増強が急がれたため三月二日の閣議で「敵ノ空襲下ニ於ケル航空機工場ノ維持培養ニ関スル非常措置」が決定され、国家総動員法第一三条の適用により特定航空機工場が民有国営化されるに至った。これにより三月一〇日には軍需工廠創設準備委員会が設けられ、四月一日には勅令で軍需工廠官制が公布され、中島飛行機が第一軍需工廠として発足し、七月九日には川西航空機が第二軍需工廠となった[78]。こうした航空機工場の軍需工廠化は必ずしも期待通りの増産や能率増進にはつながらなかったが、作田の公社案は案だけでなく太平洋戦争末期に実行に移されていた。そして柴田も自分の仕事が作田や自身の公社案の実施であることを承知していたようである。[79]

柴田は南京からの転任の途中で京都に立ち寄った際、作田から撤兵建議案については特に慎重に振る舞うように注意されていたが、そのうち遠藤中将に建議案が伝わり[80]、遠藤中将は柴田を中島飛行機公社化の仕事から解放して建議案を日本全体の立場から書き換える作業に専念できるように手配した。建議案の書き換えが終わったのは三月であり、タイプ印刷で一〇冊を作成し陸海軍大臣や参謀総長、軍令部長、東久邇宮稔彦[81]らに遠藤中将が一冊ずつ持参して手渡し、さらに遠藤中将と柴田が一緒に木戸幸一内大臣を訪問して昭和天皇に差し上げてもらうようお願いしたとしている。[82]しかし木戸は一九四五年三月一六日の日記で「四時半、都留重人君、柴田〔敬〕博士を同伴、来訪、同博士より必勝施策案の説明を聴く」と記しており[83]、木戸に柴田を直接紹介したのは遠藤中将ではなくハーバード大学で親しくなった都留重人だったことがわかる。都留の妻の正子は木戸の弟の和田小六の娘（つまり都留は木戸の義理の甥）にあたり、都留は日米開戦後に交換船で帰国した後は木戸の相談役になっていた。なお都留は自伝『いくつもの岐路を回顧して』で柴田の和平案に触れて「柴田氏は、四五年三月末、木戸幸一内大臣を通じて天皇へ上奏するところまでいった」と書いているが[84]、自分が木戸に柴田を紹介したことには触れていない。木戸の日記には三月二四日に「四時、遠藤航空総局長官来訪、統帥一元化等につき話ありたり」[85]、遠藤の日記には同日「木戸公爵を訪問し約三十五分間、戦争指導責任者を大本営幕僚長一名とする件に関し意見を述べたるも憲法に反する、とかの理由にて其の気にならず。旧思想の一人たるを否み得ざるが如く会見成功せず」、翌二五日の日記に「柴田少尉来る。国防を共に憂う」とだけ書いてある。(86)

柴田によればこうした建議案に対する昭和天皇からの返事と思われるものは四月半ばに柴田の耳に届いたが、それは「間接のまた間接の方法によるもので、果してそれが本当に天皇陛下の返事なのかどうかすら判明できぬもの」であった。その内容は「参謀本部や航空本部や支那派遣軍やの将校の中には撤退作戦に賛成する者が多少いるかも知れないが、そんなことでは大勢が動かされるものではない。独逸が降伏するのは、もはや時間の問題である。独逸が降伏すれば、いかに頑迷な軍部といえども、世界の大勢の抗し難きを悟るはずである。その潮時を見て大号令を下す」というものだったという。(87)

その後航空兵器総局で統制会社を指導する仕事についていた柴田は、八月一二日夜に密かに所持していたラジオで海外放送が"Japan has unconditionally surrendered"（日本が無条件降伏した）と繰り返しているのを聞き、降伏反対の暴動や革命的な暴発が起きて日本が混乱することを避けるために翌朝急いで遠藤中将に面会して「国難に際して国論が分れ帰趨がつかなくなった時、そのような時に天皇陛下の御採決に従う、そこにこそわが国体の精神があるのではないでしょうか」と意見を具申したという。(88) そして八月一五日、ポツダム宣言の受諾を伝える昭和天皇の玉音放送が流れ、戦争は終わった。

注

(1) 柴田敬『新版増補　経済の法則を求めて』日本経済評論社、二〇〇九年、八〇頁。
(2)「学界に銃後烽火　革新社を結成　街頭へ・五十余教授」『東京朝日新聞』一九三八年七月二四日朝刊。
(3)「河合教授問題の発生及経過に関する調査」『思想月報』第57号（司法省刑事局思想部、一九三九年三月）、『現代史資料42　思想統制』みすず書房、一九七六年所収。
(4) 雑誌『革新』は長続きせず一九三八年八月号で廃刊になった。『革新』については山領健二『転向の時代と知識人』三一書房一九七八年、二六三〜二八二頁を参照。
(5) 柴田敬「実践的立場と理論経済学」『革新』創刊号、一九三八年。
(6) 柴田敬「経済革新の必至性」同『日本経済革新案大綱　増訂第二版』有斐閣、一九四〇年。
(7) 同右、一〇〇頁。
(8) 同右、一〇二〜一〇三頁。
(9) 同右、一〇八〜一〇九頁。
(10) 同右、一一七頁。
(11)『新版増補　経済の法則を求めて』八二頁。
(12) 作田荘一『国家論』弘文堂、一九四〇年、一一五〜一二一頁。
(13) 同右、二〇〇〜二〇九頁。
(14) 作田荘一『公社ノ創設』、一九三九年（作田荘一『経済の道』弘文堂、一九四一年所収）。京都大学大学院経済学研究科・経済学部図書室所蔵のガリ版刷りの同書表紙には「康徳六年度建国大学研究院公社企業研究班研究報告（一）」と書かれている。
(15) 同右、二頁。
(16) 同右、八頁。
(17) 同右、二〇〜二一頁。
(18) 柴田敬『日本経済革新案大綱（増訂第二版）』有斐閣、一九四〇年、一頁。
(19) 同右、二頁。

(20) 同右、一〇頁。
(21) 同右、三九頁。
(22) 柴田敬「資本主義と支那事変」『経済論叢』第48巻第1号、一九三九年、一五四頁。
(23) 花野吉平『歴史の証言——満州に生きて』龍渓書舎、一九七九年。
(24) 小野寺百合子『バルト海のほとりにて——武官の妻の大東亜戦争』共同通信社、一九八五年、七三頁。
(25) 『新版増補　経済の法則を求めて』八一～八三頁。
(26) 石田良三郎「思い出（9）」『現代人』一九七四年六月号、四六～四八頁。
(27) 石田良三郎「思い出（10）」『現代人』一九七四年七月号、四五～四八頁。
(28) 井家上専「戦中戦後備忘録（一）」『現代人』一九七一年四月号、四七～四八頁。
(29) 石田良三郎「思い出（11）」『現代人』一九七四年八・九月号、四四～四五頁。
(30) 講演の内容は柴田敬「経済の新体制に就て」『公民講座』第192号、一九四〇年。
(31) 『新版増補　経済の法則を求めて』八二～八五頁。
(32) 大蔵省大臣官房調査企画課編『聞書戦時財政金融史〈昭和財政史史談会記録〉』大蔵財務協会、一九七八年、四四九頁。
(33) 座談会「「経済革新の方策と実践」座談会」（出席者は柴田敬、井家上専、石田良三郎、漆葉見龍、川端道一、上村鎮威、国島泰次郎、田中和一郎、坪田光蔵、西田重雄）『現地報告』第三九号、一九四〇年一二月、九五頁。
(34) 『新版増補　経済の法則を求めて』八五頁。
(35) 石田「思い出（11）」四六～四七頁。
(36) 『新版増補　経済の法則を求めて』八七頁。
(37) 藤野豊『水平運動の社会思想史的研究』雄山閣、一九八九年、三〇六頁。
(38) 石川正敏『政治なき政治——木村武雄・評伝』時事通信社、一九六三年、二〇二頁および照沼康孝「東亜聯盟協会」『年報・近代日本研究　五——昭和期の社会運動』山川出版社、一九八三年所収、三〇六頁によれば、東亜聯盟協会のブレーンとして大河内一男、中山伊知郎、時子山常三郎、永田清、木下半治、新明正道、田中直吉、太田義夫、石川興二、柴田敬、黒田覚らがいた。

(39) 田中直吉「思い出すままに」田中直吉先生追悼文集刊行委員会編『情念の人 田中直吉先生』一九九七年所収、一一二～一一三頁。
(40) 湯治万蔵編『建国大学年表』建国大学同窓会建大史編纂委員会、一九八一年、三九～四〇頁。
(41) 『日本経済革新案大綱（増訂第二版）』六八～六九頁。
(42) 柴田敬『地球破壊と経済学』ミネルヴァ書房、一九七三年、一五四頁。
(43) 座談会「世界最終戦論討議」『改造』一九四一年七月時局版。
(44) ドイツ留学中に柴田と親しくなった森田優三は秋丸機関に参加して日本班で人口部門を担当していたが、秋丸機関のある会合で柴田に会ったと回想している（森田優三「留学中の憶い出」『大道を行く』所収、九一頁）。ただ秋丸機関は一九四二年に解散している一方、森田はその時の柴田が「主計中尉(原文ママ)の軍服」を着ており、「当時［柴田］先生は東京の近く、横須賀かどこかに勤務しておられたように記憶していますが定かではありません」と述べており、これは柴田が陸軍主計少尉として招集され軍需省航空兵器総局に勤務していた一九四五年の別の会合と混同している可能性がある。秋丸機関については拙稿「陸軍秋丸機関の活動とその評価」『季報唯物論研究』第123号、二〇一三年、同『戦時下の経済学者』中央公論新社、二〇一〇年、同「『独逸経済抗戦力調査』（陸軍秋丸機関報告書）——資料解題と「判決」全文」『経済学史研究』第56巻第1号、二〇一四年ほか脇村義太郎「学者と戦争」『日本学士院紀要』第52巻第3号、一九九八年、斉藤伸義「アジア太平洋戦争開戦決定過程における『戦争終末』構想に与えた秋丸機関の影響」『史苑』第60巻第1号、一九九九年を参照。
(45) 『新版増補 経済の法則を求めて』八八頁。
(46) 伊藤隆編『高木惣吉 日記と情報 下巻』みすず書房、二〇〇〇年、五八〇～五八一頁。
(47) 柴田敬「日本経済の再生産機構の研究のために」『経済論叢』第52巻第4号、一九四一年、「日本の『年々の生産物』の研究序説」『東亜人文学報』第1巻第3号、一九四一年。
(48) 柴田敬「辞職願を提出して」一九四六年、同『京大を去る』（私家版、京都大学大学院経済学研究科・経済学部図書室所蔵）所収。
(49) 高木惣吉は京都を訪れた際に都ホテルで高山岩男、西谷啓治、谷口吉彦の訪問を受けた後、無鄰菴で京大法、経、文科連合の歓迎会に出席し、本文のようなメモを残している（『高木惣吉 日記と情報 下巻』六一三頁。

(50) 大橋良介『京都学派と日本海軍――新史料「大島メモ」をめぐって』PHP新書、二〇〇一年、二七六頁。
(51) 高山岩男・高坂正顕・鈴木成高・西谷啓治『世界史的立場と日本』中央公論社、一九四三年、三三二～三三三頁。
(52) 柴田敬『新経済論理』弘文堂、一九四二年、「はしがき」四頁。
(53) 根岸隆「柴田敬博士と新經濟論理」『日本学士院紀要』第63巻第3号、二〇〇九年。
(54) 『新経済論理』二一六頁。
(55) 笠井昌二「危ない会社」『同好』（京都大学経済学部同窓会）第5号、一九六三年、三一頁。
(56) 柴田敬『経済原論』（満洲国建国大学教材）一九四二年、三八頁。
(57) 林信太郎「柴田先生を偲ぶ――世界に評価された最初の日本人経済学者の人間的側面」『大道を行く』所収、二六一頁。
(58) 山本安次郎「建国大学への道」『大道を行く』所収、九八頁。
(59) 筒井清忠氏（筒井清彦氏ご子息、帝京大学教授）インタビュー、二〇一二年一二月二五日。
(60) 小柳津恒『戦時下一教師の獄中記』未来社、一九九一年。
(61) 「京都市役所内左翼グループの活動状況」『復刻版　内務省警保局編　社会運動の状況一四　昭和十七年』三一書房、一九七二年、九〇頁。
(62) 渡部徹編著『京都地方労働運動史』京都地方労働運動史編纂会、一九五九年、一五四三～一五四六頁。
(63) 『新版増補　経済の法則を求めて』八九頁。
(64) 同右、九〇頁。
(65) 大上末広の略歴・研究については小野一一郎・松野周治「大上末広の略歴と著作目録について」『経済論叢』第119巻第3号、一九七七年を参照。
(66) 天野元之助「私の学問的遍歴五　苦難から立ちあがる」『UP』第31号、一九七五年、一九頁。
(67) 角山榮「柴田先生の学問を貫いたもの――帝国大学教授としての責任感と使命感」『大道を行く――柴田敬追悼文集』所収、二三九頁。
(68) 尹春志「『東亜経済研究』の一断章――大正から昭和初期の「東亜」の構想」『東亜経済研究』第67巻第2号、二〇〇九年。木村は蔣介石政権の通貨（法幣）の基盤は安定しているとして、法幣を打倒するのではなくむしろ利用して輸出により外貨を獲得し汪兆銘政権の安定化につなげるべきであると主張していた（木村増太郎「支那法幣の前途と中南支貿易」『経済論叢』第48巻第5号、一九三九年）。

（69）柴田は参謀部案は否決されたとしているが、実際には南京国民政府はインフレに対応するため五〇〇元券や一〇〇〇元券といった「日本でもまだ、使用してゐなかつた高額銀行券」を発行するようになり（高石末吉『覚書終戦財政始末第四巻　戦費の調達と外地銀行』大蔵財務協会、一九七〇年、二一二頁）、最終的には一〇〇〇〇元券と五〇〇〇元券が発行された（大橋義春『維新以降日本紙幣体系図鑑』万国貨幣研究会、一九五七年、三四八〜三四九頁）。

（70）石村暢五郎「同位官、先輩、恩師であった柴田敬先生」『大道を行く』所収、一二七頁。日本でも太平洋戦争開始後に本格的に原爆研究が始まり（理化学研究所の仁科芳雄研究室を中心とした陸軍の「二号計画」、京大理学部の荒勝文策研究室を中心とした海軍の「F研究」）、その中で日本本土のみならず朝鮮、満洲国、中国、南方占領地で原爆製造に必要なウラン鉱石を探す努力が続けられた。それぞれ孤立して行われていた陸軍と海軍の原爆開発は一九四四年夏頃から交流を持つようになり、一九四五年春には海軍は上海の闇市で酸化ウラン約一〇〇キログラムを入手している（山本洋一『日本製原爆の真相』創造、一九七六年、読売新聞社編『昭和史の天皇――原爆投下』角川文庫、一九八八年、山崎正勝『日本の核開発：一九三九〜一九五五原爆から原子力へ』績文堂、二〇一一年、保坂正康『日本の原爆――その開発と挫折の過程』新潮社、二〇一二年、戸高一成編『[証言録]海軍反省会五』PHP研究所、二〇一三年など）。石村が聞いたという柴田の「日本軍がいま雲南省で原子爆弾の原料であるウラニュームを買っている」という発言は当時の陸軍によるウラン鉱石調達の試みの一つを指している可能性がある。

（71）『地球破壊と経済学』一五九頁。

（72）同右、一五九〜一六〇頁。

（73）大川周明顕彰会編『大川周明日記』岩崎学術出版社、一九八六年、三六二頁。

（74）飯田藤次は柴田が南京から東京に転任したことについて「明らかに推測できるものがあるのであるが、いまは触れないことにする。」（飯田藤次「茫々五十五年」『大道を行く』所収、一一八頁）と言葉を濁しているが、恐らく本文中での推測を示唆したものと思われる。

(75)『作田莊一博士述　征戦即応ノ産業体制　附「公社ノ創設」』遠藤三郎、一九四四年。京都府立図書館所蔵の同冊子は蜷川虎三の旧蔵書であり、表紙に「蜷川学兄　作田生」と署名されており作田から蜷川に贈られたものであることが分かる。

(76) 遠藤三郎『日中十五年戦争と私』日中書林、一九七四年、三〇七頁。

(77) 柴田敬「戦時体制下の躍進――軍需会社法制定の意味するもの」『京都帝国大学新聞』一九四四年一月二〇日。

(78) 商工行政史刊行会編・発行『商工行政史　下巻』一九五五年、四二四～四二五頁。特に一九四三～四五年における中島飛行機の軍需工廠化と遠藤三郎との関係については高橋泰隆『中島知久平――軍人、飛行機王、大臣の三つの人生を生きた男』日本経済評論社、二〇〇三年、二四三～二五〇頁を参照。

(79) 柴田は『地球破壊と経済学』一六〇頁で本文「中島飛行機会社を公社化する仕事」についての注釈で「公社というのは、私の『日本経済革新案大綱』における企業形態である。」と書いている。

(80) 柴田「辞職願を提出して」には航空兵器総局の「自分の上司たりし松平少佐」が遠藤三郎に推薦したと書かれているが、『地球破壊と経済学』では「私の撤兵案のことが、思いがけないすじから航空兵器総局長官遠藤三郎閣下に伝わり、私は、長官に呼び出され、それを説明されることになった」(一六〇頁) としている。

(81) 東久邇宮稔彦の日記には関係すると思われる記述は無く、一九四五年五月二二日に遠藤三郎が来て、沖縄が陥落するようなことがあれば飛行機の生産能率も非常に低下するが、参謀本部が沖縄防衛に全力を尽くさないのは残念だという話をしたという記述だけがある (東久邇稔彦『東久邇日記――日本激動期の記録』徳間書店、一九六八年、一九〇頁)。『東久邇日記』の三月の項には当時日本政府が進めていた中国との和平工作「繆斌工作」に関する記述が多く、繆斌工作の陰に隠れて柴田の撤兵案は注目されなかったとみられる。

(82)『新版増補　経済の法則を求めて』九三頁。

(83)『木戸幸一日記　下巻』東京大学出版会、一九六六年、一一七八頁。

(84) 都留重人『いくつもの岐路を回顧して』岩波書店、二〇〇一年、二〇二～二〇三頁。

(85)『木戸幸一日記　下巻』一一八〇頁。

(86) 宮武剛『将軍の遺言――遠藤三郎日記』毎日新聞社、一九八六年、一九七～一九八頁。

(87)『地球破壊と経済学』一六一頁。

（88）同右、一六二〜一六三頁。ただ日本政府が八月一〇日に連合国側に回答したのは「天皇の国家統治の大権を変更するの要求を包含し居らざることの了解の下に（with the understanding that the said Declaration does not comprise any demand which prejudices the prerogatives of His Majesty as a sovereign ruler）」という条件付きのポツダム宣言受諾であり、八月一二日現在では海外の報道でも日本が留保条件を付けているとされていた（鈴木多聞『「終戦」の政治史　一九四三〜一九四五』東京大学出版会、二〇一一年、一七三〜一七九頁）。遠藤三郎によれば柴田がポツダム宣言受諾の意見を述べたのは八月一三日午前で間違いないが（『地球破壊と経済学』一六三頁）、柴田が海外放送を聞いたのが八月一二日だったとして"unconditionally"と放送されていたのかどうかは疑問が残る。

第6章　壊禍の法則

1　辞職と追放

敗因管見

柴田は敗戦直後、京都帝国大学経済学部の『経済論叢』に「敗因管見」と題する一九四五（昭和二〇）年一〇月一〇日付の文章を載せている。「いまさら戦敗の原因を探ねるのは死児の齢を数へるの愚を敢てするやうなものであるが、惨敗の此の混迷の中から立ち上らうとするに際しては、何としても敗因をつき止めて置かねばならない」と始まる文章は、柴田によれば「今年のはじめの頃に、日増しに悪化し行く戦局を見つめながら軍にその根本的反省を促さんとしてその最高中枢部に対して相当の覚悟をきめて具申した卑見の一部分の抜き書きに、少しばかり手を加へただけのもの」[1]（第5章参照）であった。柴田は日本が敗北した根本的な要因として、日本は「物質主義的精神」に欠けていたことを指摘している。

所謂物質は精神の単なる反対物ではない。それはそれ自身人間の作つたものであり、精神の作つたものであり、物化された精神である。素手で仕事をするよりも道具の形に自らを物化しそれを通ずることによつてヨリ効果的に目的を達しようとするのも実は他ならぬ精神の作用である。米国は物量にモノを言はせることによつて勝つたのだが、それは単なる物の力に依つたのではなく、正にこのやうな物質尊重的な所謂物質主義的精神に依つたのである。われわれは此の精神に於て余りに劣つてゐたのである。[2]

物質主義的精神は科学主義的精神であり、「物質軽視的なわれわれは此の精神に於ても欠けてゐた」。そして科学軽視的な日本人は「自分の眼で見究めるまでは如何しても承知しようとせぬ而して自分の眼に斯く見える以上は誰が何と言はうともそれを主張して譲らないガリレオ的精神」に欠けていた。

科学者は、何物にも懼れず屈せず飽くまで物事の真相を自分の眼で見究めようとすべきであるのに、さうせずに、卑屈にも世俗的な勢力の前に真理を歪めて曲学阿世を事としたり、外国学者の説を無批判に受容れて只管之を信仰したりした。世間も亦、或はその物質生活や身辺を不断に脅かして科学者をして世俗的勢力の前に卑屈ならざるを得ざらしめ、或は外国学説の祖述者のみを徒らに尊重して独自的研究者の勇を挫いたのであつた。(3)

ガリレオ的精神は自己に絶対の権威を認める精神であり、それは「個々人の利己的要求の自由なる達成を公然と認める個人自由主義によって培はれたもの」である。個人自由主義は他人の利己的要求も妨げないようにする特殊な公徳心を生み、利己的活動の代表である株式会社で働く人に対してはその私的役得や情実に動かされず会社本位に行動すべきことを要求する公的精神の陶冶が行われたが、個人主義に欠ける日本人はこの公的精神の陶冶にも欠けていた。

一度び資本主義の独占化につれて個人主義が時代後れのものとして批判されるやうになると、我国に於ては、人間に根深く存在する利己心は適当なる公然の捌口を一切封ぜられて簡単に否定され、為に、利己的活動は闇の世界に潜つてそこに役得や情実の支配を現出し、表面の世界に於ては、利己的仮面をいつわり隠せる公的なるもののみが通行を許され、正に公的なるものであることを理由として傍若無人にふるまうやうになつた。斯くして一部の軍人官僚は自ら階級を異にせる指導者を以て任じ、他を目して済度し難き頑冥固陋の徒と看做し、無理押しに之を指導せんとした。(4)

科学主義的精神は「物事それ自身の動き方たる法則従つて理論を尊重しそれに随従せんとする精神」そして「法則や理論を尊重しこれに随従しようとする精神は、他方から之を見れば、世間的事物の法則たる法を尊重し遵守せんとする遵法精神」であり、これらは近代文明を特徴づけるものであるが日本人はこれらに欠けていた。

以上のような根本的敗因は、日本人が「まだ封建的観念形態の支配から一向に抜け出してゐない」ため容易に清算され得ないと柴田は述べている。

例へば敗因を探ねるにしても「愛国的なる一面を持つと共に利己的な一面を根強く持つところの国民にその最大能力を発揮させようとすればどんな仕方でどんな程度まで利己心を満足させどんな仕方でどんな程度まで愛国心に訴へたらよいか、といふことを冷静に科学的に考究して方策を樹立してかゝねばならぬのにさうしなかつたところにこそ敗因の一つがあつたのだ、」といふ風に感ぜずに、たゞ一すぢに「敗けたのは国民が本当に忠義を尽さなかつたからだ」と感ずるほどそれほど我々の特殊な「物の感じ方」は根深いのであり、いつまでもわれわれにつきまとつてゐるのである。(5)

惨敗の混迷の中から新しく立ち上がろうとする際に生産しなければならない根本的敗因はこの

ように根深く、清算は容易に行われることではないため、「深き決意を以てあたらねばならないと共に出来もせぬ無理押しをしないやうに順を追うことに心しなければならないのである」と柴田は結んでいる。

柴田による個人主義批判への反省や、日本における近代文明を特徴づける科学主義的精神、遵法精神の欠如と封建的観念形態の支配の指摘は、自身の実践活動への参加に対する反省に立つものといえる。その一方で「外国学者の説を無批判に受容れて只管之を信仰したり」することへの批判や、国民の愛国心と利己心を最大能力に発揮させることができなかったことへの後悔など、戦前・戦中の考えが続いている部分も読み取れる。

京大辞職

敗戦直後、京都帝国大学経済学部では戦時中の言動の責任を取る時は見られず、蜷川虎三学部長も戦争責任を取るべき人物は経済学部にいないと明言していたが、一九四六（昭和二一）年一月三〇日に河上肇が死去したことが転機となった。河上の通夜に列席した門下生の間で進退問題が話題になり、その後河上の追悼講演会で滝川幸辰が河上を追放した経済学部教授会の責任を追及したことで、戦前・戦時中の経済学部の姿勢に対する非難の声が急速に高まった[6]。また、学徒出陣から復員した学生たちも戦時中に軍部に協力的であったとみられた経済学部教員を批判した。経済学部在学中に海軍少尉として出征した森嶋通夫は、復員後に友人と共に「戦争中の右翼教官」

を糾弾する投書を関西の各新聞に送ったと回想している。これとは別に一九四六年二月二日付『毎日新聞』に、谷口吉彦門下生を名乗る人物による谷口のほか蜷川虎三、石川興二を糾弾する投書が掲載された。(7) また、戦争末期から学部の運営を実質的に担ってきたのは教授だけで構成される教授会ではなく助教授以下の若手教官であり、彼らは学部の再建は学部運営の民主化からと提唱していた。(8)

こうした騒然とした状況の中で、一九四六年二月一九日に経済学部は教授以下講師までの全員が一堂に会し同等に発言し得るという会合を開き、この教官協議会を今後の学部の実質上の決議機関とすること、教授会はその決定を尊重して決議することが定められた。そして当日の教官協議会では、「敗戦にいたるまでの学部の積年の運営を反省し、学問の自由を守ることにおいて十分でなかった点を自己批判する」「学部長蜷川の辞任を承認して新学部長を選出し、全教官は総懺悔の形をとって新学部長に辞表を提出する」「新学部長は学部の再建を慎重に配慮しつつ辞表の申達を処理する」という三項目が決定され、京大経済学部の「総退陣」と呼ばれた。同日午後に引き続いて開かれた教授会で新学部長に静田均が選出され、静田は三月一九日に柴田のほか小島昌太郎、汐見三郎、谷口吉彦、蜷川虎三、中川與之助の六教授だけの辞表を申達することとし、六教授は三月末に退官した。他の教授・助教授以下に対して静田は学部に留まり再建に尽力するよう求めたが、助教授の白杉庄一郎、講師の有田正三、助手の杉原四郎および河野稔は経済学部を去った。(9) 柴田門下の杉原は柴田に加えて強い影響を受けていた白杉と有田が辞職したことにより、信頼できる師友の支えなしに特権的な地位にいることに意味がないと感じ、柴田らと共に京大を去ることになった[10]。

教職・公職追放

一方、ＧＨＱ（連合国軍最高司令部）は一九四五年一〇月二二日に「日本の教育制度の行政に関する覚書（Memorandum concerning Administration of the Educational System）」を発し、その第一項第一節（一）において、教師と教育職員を可及的速やかに調査し、職業軍人と「軍国主義および極端な国家主義の積極的提唱者（persons who have been active exponents of militarism and ultra-nationalism）」そして占領方針に積極的に敵意を有する者を退職させるように指令していた[11]。

ＧＨＱのＣＩＥ（民間情報教育局）局長Ｄ・Ｒ・ニュージェントは戦時中の京都帝国大学教授九名の適格性を調査するように一九四六年三月に第八軍軍政本部に依頼した。この時の九名は柴田のほか経済学部の石川興二、谷口吉彦、松岡孝児、中川與之助、蜷川虎三、文学部の高山岩男、高坂正顕、鈴木成高であり、文学部の高山、高坂、鈴木と合わせて柴田も広い意味での「京都学派」と見なされていた[12]。これを契機に柴田がＧＨＱからの直接の指令（メモ・ケース）により教職を追放されたのは同年五月である（五月一五日・ＳＣＡＰＩＮ（総司令部覚書）９５４）。なお石川興二（五月二日・ＳＣＡＰＩＮ９１６）、谷口吉彦（五月一五日・ＳＣＡＰＩＮ９５６）

も同時期に直接指令により追放されており、これは一九四六年五月七日に教職適格審査制度が具体化して教職追放に関する業務が文部省に移行されることになったため、ＣＩＥが抱えていたケースを急遽処理することになったためである。[13] 京都帝国大学でメモ・ケースにより教職を追放されたのは石川・柴田・谷口の三人だけであった。

京都帝国大学教授柴田敬の罷免について

昭和二十一年五月十五日連合国軍最高司令官総司令部発ＡＧ〇〇〇、八号（民間情報教育部）

終戦連絡中央事務局経由日本政府宛覚書

一、京都帝国大学教授柴田敬の活動を調査したところ同氏が軍国主義並に極端な国家主義の活発な代弁者であつたことが判明した。

二、「日本教育制度の管理政策」に関する昭和二十年十月二十二日附覚書（民間情報教育部第一項（Ｄ〔正確にはｂ〕）節（一）にもとづいて日本政府はたゞちに柴田敬を京都帝国大学教授の職より罷免し且つ将来公私をとはず如何なる日本の教育機関にも就職することを禁止するものとする。

三、此の覚書に基いて取られた措置については完了し次第速かに連合国軍最高司令官宛報告すること。

副官部長陸軍代将
B・M・フイッチ

京大柴田教授罷免の理由

左の著書について検討した結果、軍国主義過激なる国家主義者なることが判明したこと。
一、日本の経済力（The Economic Strength of Japan, May 1939）
二、世界新秩序の形式（Formation of a New World-Order, Sept 1939）
三、日本的経済原理（Japanese-type Economic principles, July 1941）(14)

さらに、一九四六年二月二七日公布の勅令第一〇九号「就職禁止、退官、退職等ニ関スル件」およびこれに関連した閣令や内務省令に基づき公職追放が実施され、柴田は一九四七年二月に「昭和十七年十二月より同二十年八月まで大日本言論報国会会員であり其の多数の著書により全体主義的経済理論、軍国主義を主唱した」として公職追放された(15)。京大経済学部の教官・元教官では柴田のほか作田荘一、石川興二、谷口吉彦、松岡孝児、中川與之助が公職追放された(16)。

柴田は自身の追放については教職追放についてしか触れていないが、教職追放の理由となった三つの論文のうち「日本の経済力」と「世界新秩序の建設」については、日本の経済体制の変革を提唱したものであり、その理由は「「今度の戦争は、日本の青年将校たちが、ソ連の世界戦略にひっかかった事から起ったのだから、ソ連の世界戦略が成功して中国の全土に赤旗がひるがえるようになるかも知れない」という懸念を持ったからであり、仮にそのような事態が生じたとしてもそれに堪えうるように日本の経済体制をあらかじめ変革しておく必要がある、と考えたから」であったという。もう一つの「日本的経済原理」については「『新経済論理』のための「生みの悩み」をあらわす駄作にすぎなかった」としている。[17]

アメリカ海軍の一員として一九四五年秋から年末、またGHQ租税エコノミストとして一九四七年から翌年にかけて日本に滞在し、後に柴田と親しくなったM・ブロンフェンブレナー[18]は柴田の追放について「同僚の嫉妬とわが占領軍の過労による失錯のせいで、不公正にもパージされた」としている。[19]確かに柴田の学者としての名声に嫉妬する同僚もいたようであるが、[20]他方で柴田の追放が不公正であったとするのも難しい。柴田は第4章・第5章で取り上げたように経済新体制運動や東亜聯盟運動に積極的に関わり、ナチスの政治を称賛していた。また柴田は一九四三年の学徒出陣に際して行われ『中央公論』に掲載された座談会「赴難の学――出陣学徒に餞る」[21]に参加している。同座談会は「革新日本学の鼓吹者らによって、天皇への学問奉還、軍人即学生の徹底化等が語られ、出陣学徒こそ文化創造の先駆者として咲き誇るべきをたたえられた」もので[22]あり、柴田も戦後の価値観から見てかなり問題のある発言を行っている。[23]丸山眞男は一九四六年の著名な論文「超国家主義の論理と心理」で超国家主義の典型例として同座談会を取り上げている。[24]さらに日本共産党の指導下で一九四六年一月に設立された民主主義科学者協会（民科）は同年六月の第二回大会において追放されるべき「学界における戦争責任者」のリストを決定しており、その中に柴田も含まれていた[25]。柴田の戦時中の言動と敗戦直後の柴田に対する評価を踏まえると、教職および公職からの追放はやむを得ないものであったと言わざるを得ない。

2　農業と蓄電池

国民皆農協会

柴田によれば、敗戦直後に「財閥解体委員会」（持株会社整理委員会か）の委員長に就任する話が持ち上がっていたというがこれは追放により流れた[26]。そこで柴田は、航空兵器総局の残務処理の一環として、戦争中に航空兵器総局嘱託だった佐川直躬[27]（戦後曙ブレーキ工業社長）の発案により作られた国民皆農協会の会長を元航空兵器総局長官の遠藤三郎に頼まれて引き受けることになった。国民皆農協会は一九四五（昭和二〇）年一一月に発足し[28]、旧軍飛行場その他の国有の荒れ地を開墾しそこに希望者の入植を斡旋することを目的としていた[29]。柴田は京大辞職前から国民皆農協会に関わっていたようであり、大学の授業やゼミも一日にまとめ、毎週東京と京都とを往復する多忙な毎日を送っていた[30]。角山榮は杉原四郎に頼まれて国民皆農協会の仕事に協力することになったが、その仕事は明治以来の領土と植民地を失い多くの引揚者を抱える日本で、北海道、本州、四国、九州の四島の農業で八〇〇〇万の人口を養えるかどうかを計算するというものであった。そのため柴田研究室では現在の耕地面積だけでなく高度千メートル以下の山地、その傾斜三〇度までの土地を開拓して畑とすれば耕地面積がどれだけ増えるかを計算し、そのうえで一人一年の米消費量を一石（約一五〇キロ）とし、それに加えてイモ類、大豆、野菜などの必要生産量、また米の生産量から酒造米がどれだけ必要であるかなども含めて、自給率を計算していた。[31]

一九四六年一〇月に国民皆農協会に入った藪内武によれば、柴田は「日本国民の生活程度がアメリカよりもはるかに低かったこと」を日本の敗北の根本的な原因とし、「この［日本国民の］民度を引き上げることが、戦後の復興のなかで第一に手がけなければならないことである」と言っていた。日本国民の民度を引き上げるためには国民の過半数を占める農民の民度を高めることが必要であり、そのため柴田は日本の農業の機械化を目指して、戦車を改造したトラクターを利用してプラウ（犂）やハロー（砕土機）を使用することを考えた。[32]国民皆農協会は千葉県柏市の旧陸軍柏飛行場を借り、兵舎を航空関係の復員軍人や軍属から募った入植者の住まいにあてて開墾を進めた。柏飛行場跡地では約一四〇人が入植したが、地味や水利の良くない開拓地では耕作できる作物は限られており、主に陸稲や小麦、甘藷、落花生などが生産された。[33]

しかし国民皆農協会の事業は共同耕作の作物が耕作者たちによって闇に流されたことにより耕作部門を縮小され、次に機械開墾用ガソリンの配給が減ったために機械開墾部門が縮小された。一方、トラクターは故障しやすかったため国民皆農協会では熟練工を雇ってその修理に当たらせていた。一九四一年五月に設立され同様に農地開墾事業を行っていた農地開発営団[34]はそのような体制を整えていなかったため、国民皆農協会をトラクター修理の指定工場にするという話があり、熟練工の数を増やしたところ、一九四六年九月に農地開発営団は閉鎖機関に指定され、同年末に農地開発事業と緊急開拓事業は農林省に引き継がれた[35]。得意先を失った国民皆農協会はトラック修理に新しい活路を求めることになった[36]。

蓄電池事業

柴田はその頃、修理工場に転がっていた蓄電池（自動車用バッテリーに使われる鉛蓄電池）に興味を持ち始め、それを分解して観察したり、蓄電池の本で原理を学んでいるうちに、現実の蓄電池の中に入っている鉛の分量は蓄電原理上必要とされる分量の数倍になっていることを発見した。鉛蓄電池は正極板と負極板を組み合わせて出来ており、それぞれの極板は鉛合金の格子に活物質（鉛もしくは二酸化亜鉛）を硫酸と水で泥（ペースト）状にしたものが塗り込まれている[37]。柴田の主な着想は極板の活物質の脱落を少なくして反応効率を良くするとともに、鉛蓄電池の部品の一部である鉛製の極柱を取り除いて軽量化するというものであり、柴田によればこの方法により従来品の二倍強の重量能率が実現した[38]。柴田はこの発明について特許を申請し、特許庁から「ペースト式鉛蓄電池」を試験題目として二五万円の発明実施化試験費補助金を支給されて[39]柴田蓄電池製造株式会社を設立し、さらに工業技術庁（のち通産省工業技術院、現・産業技術総合研究所）から研究題目「鉛蓄電池」について鉱工業技術研究補助金を交付され[40]蓄電池の製造を開始した。柴田は蓄電池事業がうまくいけば国民皆農協会で苦労を共にしてくれた仲間の将来を安定させられ、恩師のシュンペーターの理論（イノベーションによる経済発展）を地で行くこともでき、「国民の頭の中の富源を開発する――何よりも有能・真摯な大学教授の生活を安定させ、研究を助成する――ための民間運動を起こそう」という自分の夢を実現することもできると考え、事業に力を入れた[41]。

柴田の建国大学時代の教え子の林信太郎は戦後京大経済学部で豊崎稔に学んだ後に商工省（のち通産省）に入省し、土曜日午後になると神田にあった柴田の事務所を訪れていた。当時の柴田は鉛を使わない電池を発明することに異常な情熱を持っていた。林は、戦時中に柴田が学徒動員で京大の学生を愛知県豊川の海軍工廠に連れて行って監督した際に速射砲や機関銃の弾丸の生産力向上や品質向上に情熱を注ぎ、その時鉛不足が隘路となったことが鉛を使わない電池や鉛の効率の高い電池への執念へ昇華したのではないかとしており、柴田に会うたびに「林君、面白い着想ができたよ」「鉛を三分の二で済む電池が発明できたよ」と目を輝かせながら語りかけられたと回想している。柴田の事務所には当時経済安定本部副長官だった都留重人もたびたび訪れ柴田と議論しており[42]、柴田も都留の家をよく訪れて自分の発明の話をしていた[43]。

3　壊禍の法則の発見

事業の失敗

しかし柴田の蓄電池事業はうまくいかなかった。誤算の一つは、当時の蓄電池市場が過剰生産状態だったことにある。蓄電池工業は戦時中は潜水艦などの膨大な軍需に依存していたが、戦争により被害を受けた工場はごく僅かであり大半はその生産設備を温存していた。占領軍の進駐により自動車用蓄電池の補修に大量の需要があったため一息つくことができたものの、その需要も漸減し一九四八〜四九年頃には蓄電池業界は苦境に陥った。蓄電池工業がようやく安定するのは一九五〇年に朝鮮特需が起きて以降のことであった[44]。こうした厳しい状態にあった蓄電池市場で新参の柴田の蓄電池が市場を獲得することは極めて難しかった。国民皆農協会に引き続き柴田蓄電池製造に勤務した藪内武は、柴田の発明した蓄電池の企業化は簡単に行かず、結局当時の主要産業の一つであった採炭現場で使うマインランプ用の蓄電池を製品化したが、口頭で上手に説明しても相手が歴史の浅い製品を信用してくれなかったと回想している[45]。山口高商での友人だった湯藤實則は朝鮮銀行に入行し、同行閉鎖後に東京で取引先の企業の再建に取り組んでいたが、柴田の同期の土井末夫（当時日本興業銀行勤務、のち佐賀銀行頭取）から柴田の相談に乗ってほしいと頼まれて神田の工場を訪れ、蓄電池の改良について既に十数種類の特許を取得しているが資金繰りに困っているという柴田の話を聞き、「理論的に可能だろうが、企業化は難しいと思うから、断念してはどうか」と助言したという。[46]

また、京都帝国大学経済学部で小島昌太郎のゼミで保険論を学んでいた阿部一蔵[47]は小島のゼミに講師時代の柴田が時々出席していたことで柴田と知り合った。一九四九〜五〇年頃、友人から柴田の事業を聞いた阿部が神田の工場を訪れたところ、柴田は「蓄電池は非常に効率がよく又そのコストも安価になるものであるが、未だ商品として販売に到るまでには、設備や資金等の問題がある」「企業の経営と学問は異なるものであり、私は企業者にはむいて居ないように思うが、今は一生懸命やるより外はない、学問の方とは全然今は縁が切れて居る状態である」と言い、非常に寂しそうに見えたという。その後何度か会った後に阿部は柴田に日本人で適当な人を探すこと、蓄電池の評価をアメリカ海軍にさせることを提案した。阿部は旧知の橋本実斐(さねあや)[48]（元伯爵・貴族院議員、戦後大磯町長・尚友倶楽部理事長）に相談し、橋本の親友である三井高修(たかなが)（小石川三井家当主、元三井石油合成社長）と伊庭勝彌（住友本家支配人）とに柴田を紹介し、柴田・阿部・橋本・三井・伊庭の五人で蓄電池の最高権威者で橋本らの友人でもあった名和武（元海軍技術中将）の家を訪問した。名和は柴田の説明を聞いた後「蓄電池は非常に難しいからよく御考えなさい」と言ったという。また三井の発案で三井系の神岡鉱山に行き役員と話したが良い返事は得られなかった。さらに柴田・阿部・橋本は米軍横須賀基地の蓄電池の専門家に面談し、アメリカ海軍から蓄電池について正式に良い品であるとの証明書が来たので柴田は非常に喜び、従業員にも活気が生まれたが経営は好転しなかった[49]。

柴田は蓄電池事業を始める際に日本興業銀行から二〇〇万円を借りていたがそのために財産を担保に入れなければならず、さらに都留重人に保証人になってもらっていた。柴田は原材料や燃料代、興銀に対する月々の利子、さらに従業員に対する給料を支払う日になるたびに蔵書のどれを売り、家財の中のどれを処分して資金を作るかに悩まされた。一九五〇年には銀行側の引継ぎミスで保証人の都留に借金の支払いが求められかねない事態になった。柴田はその日、ふと気づくと葬儀屋の前に立って「自分が死んだら、あの棺桶を買う金があるだろうか」とぼんやり考えている自分を発見したという。結局柴田は事務所や工場の借地権をブローカーに譲ってその代金の中から借金を返済した[50]。柴田はその後も事業を細々と続けたが事態は好転せず、最終的には蓄電池の事業を取りやめることを決心し、工場その他を処分することになった。阿部一蔵は、当時柴田がシュンペーターは「学者は政治家や実業家を兼ねるのは困難だ」と言っていたと話し、更に「シュンペーター先生に逢いたいなあ」と言いながら両眼に涙を浮かべていたと回想している[51]。なおこの時期に都留重人が家を新築した際、ほとんど無一文になっていた柴田は、世話になった感謝の印として河上肇から還暦記念としてもらった色紙（第1章参照）を都留に贈っている[52]。

「壊禍の法則」の着想

柴田はこうした自分の財産を売らざるを得ない厳しい「筍生活」の中で、「筍生活をしているのは、私だけではない。敗戦国民は皆んな筍生活をして苦しんでいる。いな、敗戦国民だけではない、人類そのものが、産業革命以来、筍生活をしている」と気付いたという。米や麦は生産しても地力は失われないので生産的労働をつぎ込めば来年もまた収穫できるが、生産的労働をつぎ込んでも石炭や原油は掘り出すことはできても一から作り出すことはできない。したがって天然資源の生産とその他の財の生産とは全く意味が異なる。柴田はこうした「生産することのできない財」のことを「本源財」と呼んでいる。

石炭や原油などの天然資源（本源財）を食いつぶせば食いつぶすほど、採掘のためにもっと深い地底を掘ったり、遠隔の地にある鉱山や油田を利用したりしなければならなくなる。そのためにはより多くの資本財や労働力をその一単位当たりの生産のために投入しなければならなくなり、生産係数は大きくならざるを得ない。本源財を食いつぶさなければ成り立たない経済活動にはこうした傾向が必然的に付随して生じる。

シュンペーターは経済を均衡から脱出させる力をイノベーションを生み出す企業者活動に求めたが、柴田はシュンペーターもこの本源財食いつぶしによる生産係数の上昇を見逃していたとする。生産係数が上昇していけば利潤率は低下していきやがてゼロになるが、経済活動は継続していかなければならないため労働者が生活程度を切り下げるか労働日を延長するか労働強度を強化しなければならなくなる。つまり、本源財を食いつぶすことによって成り立っている経済の根底には、こうした災禍を誘発する力が伏在していることになる。このことを柴田は「壊禍の法則」と名付け、これまでの経済学者が見落としてきたものであると考えた。

しかしこれまでの経済は壊禍の法則の支配下にあったにもかかわらず、こうした生産係数の上昇や利潤率低下などの傾向は明確には表れてこなかった。柴田はその理由を、次から次にイノベーションが生まれてきたからであると考えた。イノベーションはシュンペーターが考えたように経済の定常化傾向を打破する力として作用するのではなく、壊禍の法則の破壊的作用から経済を救う力、さらに経済の成長を可能にする力として作用する(53)。

柴田のこうした壊禍の法則の着想は、財産を売り食いしなければならなかった終戦後の厳しい生活の体験に加えて、もともと柴田が金の生産を出発点とする貨幣的景気循環論の立場に立っており（第3章参照）、金という天然資源の制約を意識していたことに加え、林信太郎が指摘するように、日本が資源不足で苦労した戦時中の体験を踏まえて生まれてきたものであると考えられる。ともあれ、柴田は戦後の経済学研究においてこの壊禍の法則を経済の根底を流れる法則とみなしていく。

4 『ヒックス循環論批判』

経済学への復帰

柴田は一九五一（昭和二六）年八月に公職追放解除、また翌五二年四月には教職追放も解除となり[54]、同年七月に山口大学経済学部教授となった（第7章参照）。柴田の学界への復帰第一作となったのは教職追放解除直前（一九五二年二月）に出版された『ヒックス循環論批判』（弘文堂）である。阿部一蔵が蓄電池事業の残務整理に追われていた柴田にヒックスの『景気循環論』（*A Contribution to the Theory of the Trade Cycle*, 1950）を持参して勧めたところ、柴田は同書を読んで「あの書物は非常な名著だ。よく読んで見て自分には未だ経済学を理解できること、思考能力が残って居ることがわかった。この書物について書いてみたい」と明るい笑顔で言ったという[55]。柴田は『景気循環論』について「其の天才的な綜合力と徹底的な歯切れのよい分析との素晴しさ」を高く評価し、「幾回となくそれを読み、一歩一歩分析的に研究した。それは私にとっては経済学的思考の実に良い再訓練であつた。」としている。その一方で読む中で「幾多の重大問題」があることがわかってきたのでそれを批判的に究明して体系化したのが『ヒックス循環論批判』であった。都留重人は出版にあたり最新の欧米雑誌を提供したり原稿の主要部分を読んだりするなどして助力した[56]。

柴田は同書をまず英語で執筆し、次いでそれを日本語訳し、英語版の原稿を先に海外の経済学者に送っていたようであり、同書初版の帯の表表紙にはR・A・K・フリッシュによる推薦文「此の本の著者は、ヒックス教授の理論を徹底的に究明し、それについて独自の見解を樹立しようとしてゐる。此の本が公にされた暁は、必ずや大問題となり、此の重要問題に関する極めて有益な論争をまき起すに相違ない。」、そして帯の裏表紙にはG・v・ハーバラーによる推薦文「此の本は、確に重大問題を取扱つてゐる。過去十年間、ヒックスの循環論ぐらい関心を惹いた理論経済関係書は無かつた。此のヒックスの著書に対して、此の本は多くの実に興味ある批判を加へてゐる。」が書かれている。なお後述する評者の批判を取り入れて内容を修正した英語版（Shibata, Kei, *A Critical Study of Mr. Hicks' Cycle Theory*, Tokyo, Kobundo, 1952）が直後に刊行されている。

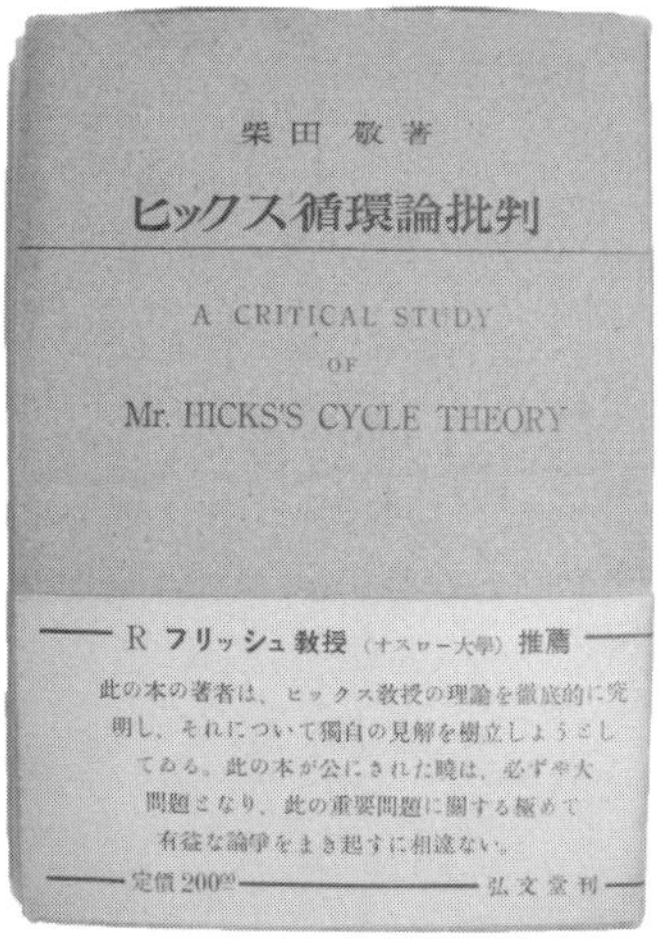

「ヨセフ・エイ・シュムペーター先生の霊に此の書を捧げる」と題された冒頭の文章は二年前（一九五〇年）に死去したシュンペーターへの哀惜に満ちている。

『ヒックス循環論批判』（1952年）

私がハーヴァートに遊学してゐた頃、先生は丁度景気循環論を執筆して居られて大変御忙しい御様子であつたが、それでも先生は、幾度となく私を誘ひ出して議論を闘はせて、私を指導して下さつたのであつた。或る日のこと私達は、美しく流れるチャールス河のほとりを一緒に散歩しながら、理論経済学徒は何を目ざして努力すべきか、と言ふ問題について論じ合つたのであつた。其のとき先生は「優雅」こそ夫れだと主張して、経済的現実に忠実なことをこそ念とすべきだ、と言ふ私の主張を何とかして克伏しようとして、例の調子で理路整然と論じ立てられたのであつた。あの頃のことが懐しくて仕方がない。あれから既に十五年の星霜が流れた。其の時の自分の主張を飽くまで固執して書いた此の小著を、先生はきつと、いつものやうにほゝえんで歓迎して下さつたであらうに、あゝ。(57)

ヒックスへの批判と柴田の主張

ヒックスの『景気循環論』はサミュエルソンのモデルを拡張して景気循環論を論じている。サミュエルソンは一九三九年の論文「乗数分析と加速度原理との相互作用」において、乗数理論と投資の加速度原理（総生産の変化分に対応して投資量が決定されるという考え）を用いて景気循環を説明した。各期の投資を一期前までのY（総生産＝国民所得）の増加分に比例して機械的に決まると考え、消費も一期前の所得に依存して決まると仮定した差分方程式により、定常解の周辺をYが変動する景気循環が起きることを簡単なケインズモデルで示している。ただこのモデルでは一定の条件ではYが発散してしまうため景気循環のモデルとはなり得ないという欠点があった。そこでヒックスはモデルに天井（ceiling）と床（floor）を導入した。天井は労働の完全雇用を意味しており、景気が上昇する場合でも完全雇用状態以上は生産できないため、天井に沿ったYの増分は天井に到達する前の増分よりも小さくなり、加速度原理に基づき投資の水準が低下してYも減少する。こうして景気下降が起きるが、今度は粗投資（新規の投資）がマイナスになることはないという事実による床が存在する。景気下降によりYが減少するのであれば投資の加速度原理により純投資（粗投資から減価償却を引いたもの）もマイナスになっている。つまり粗投資が減価償却以下に減少しているが、床に達すれば粗投資は0で変化しないので純投資はこれ以上減少しなくなり、Yの減少幅は床に到達する前よりも小さくなるため投資は加速度原理により増加に転じ、再びYは上昇し始める。ヒックスはこのようにケインズモデルを基にしながら、労働需要の問題などを取り入れることによって景気が自律的に天井や床に衝突しながら上昇・下降を繰り返しながら成長していくモデルを提案した[58]。また同書では貨幣的景気循環を論じる際、ヒックスが一九三七年に考案し現在でもマクロ経済学の教科書で利用されているＩＳ－ＬＭモデルが使われている（第十一章「貨幣的要因」）。

柴田はヒックスの『景気循環論』そのものを批判するというよりも、ヒックスの議論を批判的に検討しながら自分の主張を行っている。柴田はヒックスが景気の「天井」として完全雇用状態によるそれ以上の生産の不可能性を上げたのに対し、雇用を規定する人口の増加率は長期に渡り世界の産出量増加率（経済成長率）よりも高かったという事実を第3章で紹介した自身の景気循環研究を挙げて批判している。柴田は長期的に見れば投資を規定するのは一般利潤率であり、これは技術係数と労賃と地代によって決定されるとする（柴田は第2章で紹介した自身の研究を参考文献として挙げている）。労働人口が相対的に少なくなれば労賃が上昇し一般利潤率は低下する。さらに柴田は一般利潤率低下の要因として自身が見出した「壊禍の法則」を説明している。

それに、現代文明の重大なる一特徴として、われわれは、ますます多く鉱物資源に依存して生活するやうになつて来たのであるが、鉱物資源こそはリカルドのいはゆる可滅的資源、即ち、一度び採取するともはや補充出来ないところの資源の、典型的なものである。だから、資本主義の結果膨大な数に達した人口をそのまゝの生活水準でそのまゝの数だけ保存するだけの為めにも、われわれは、年々莫大なる分量の補充不能的自然富源を喰潰さなければならないのであり、これらの補充不能的自然富源を喰潰せば喰潰すだけ、われわれはますます貧鉱の又は偏陬地［不便な土地］所在の鉱山に手をつけなければならないのである。そればかりでなく、人口が既に膨大な数に達してゐるのであるから、其他の自然富源例へば天然林とか海洋資源其他とかについても、同様にますます喰潰行為を続けなければならないのである。

その結果、「それらの自然富源の開発にたづさわる労働力及び投資財」に関する技術係数は、次第に上昇し、又、比較的良品位又は便利地域所在の自然富源に対して支払はるる地代は、年々上昇した筈である。そして其の結果、其の期間中、一般利潤率は低下した筈である。[59]

にもかかわらず一般利潤率が低下しなかったのは「シュムペーターのいはゆる新機軸、ことに技術的新機軸のおかげであつた」と柴田は指摘する。つまり一般利潤率はシュンペーター的なイノベーションが存在しなければ必然的に低下していく（限界生産力は低下していく）。しかし柴田によればヒックスはこうした問題を考えずに労働制約が無ければ生産は無限に増大でき、「規則的に進歩する均衡が可能であるためにそれが満たされなければならない唯一の条件は、それが一定の比率で拡張しなければならないということである[60]」と述べるなど成長率を固定されたものと考えている。

柴田は特に第一次大戦後の資本主義の「構造的変化」は一般利潤率の低下傾向を強めているとしている。その理由として挙げているのはやはり独占化の進行であり、戦時中の経済新体制運動への関与の際と変化していない（第5章参照）が、さらに独占企業が「群小新参者」によるイノベーションを阻害することが強調されており、これは自身の戦後の蓄電池事業の失敗を反映したものであるといえる。

独占的生産者は、たとへ完全な独占者でない場合に於ても、巨大な生産力と厖大な販売網組織と偉大な金融力とを支配下に持つてゐるので、群小新参者との競争に於ても有利な地位にある。彼は新参者達が何等かの技術的新軌軸(原文ママ)に身を固めて競争者として立ち現はれる場合に於ても、それ等の新参者達が、（其の新生産方法を技術的に実験完成したり、強固に確立された独占的生産者の市場に喰ひ込んだりするために、其の貧弱な資力を使ひ果たしてしまつて）結局独占的生産者の軍門に降つて来るのを俟つて、実験済みの新技術の中から有望なものだけを選んでおもむろに叩いて買ふことが出来るのであつて、自ら新技術の実験完成のために憂き身をやつすにも及ばないのである。勿論、独占的生産者も大規模な研究所を持ちはするが、其処に於ける仕事は、群小企業家達や群小発明家達に見られるやうな死にもの狂ひの努力などとは凡そ異つたものであるのが普通である。その上、独占的生産者は、新生産方法を採用する場合に於ても、旧生産方法に特に適合して作られた既存生産施設に対する破壊作用がなくなる時まで、それを延期するのが普通である、と考へられてゐるのである。その上、企業が大規模となり、又、色々な種類の統制が行はれるやうになると、本当はますます深奥な大直観に基いた新機軸が益々切実に要請されるやうになるのに、それにもかゝはらず却つて官僚的になり常軌墨守的になつて、新軌軸(原文ママ)開発の精神を鈍らせるやうになるのである。此の事は、上述の事態に更に拍車をかけがちになる。若し之等のことが実際に起るとするならば、其の結果は技術的進歩の遅滞を生ぜしめ、一般利潤率の低下を招来することになる。(61)

この独占の進行による一般利潤率の低下に追い打ちをかけるのはソ連の強力化であると柴田は指摘している。

併し、更に重大な問題が今一つある。それは、ソヴエト・ロシヤが次第に強力になつて行くことによつて、資本主義諸国の労働者達の心理と態度とが影響を受けることである。資本主義諸国の労働者たちは、赤色諸国から陰に陽に刺戟を受け、今後ますます、労賃を高め、一日当りの労働時間（又は一週乃至一月当りの労働日）を短縮し、労働強度を緩和せんとする彼等の要求を強化するであろう、と予想するのが当然であるやうに思はれる。而もそれも、安全保障確立の為の費用が資本主義諸国の経済に対し益々重荷となつて来る正に其の時に於てのことである。だから、若し資本主義諸国に於て今後生産方法の改善進歩がいよいよ進められるのでないならば、必ずや一般利潤率の低下が起り、生産の刺戟がなくなつて、超乗数を口にし無限の生産増加を云々する事をノンセンスとするでもあろう。[62]

超乗数（super multiplier）は通常の乗数と加速度原理が結合したものである。ヒックスは国民所得と関係なく行われる独立投資に超乗数を掛けたものが産出量の均衡経路であり、独立投資の増加と共に産出量均衡経路も増加していくとしている。[63] しかし柴田から産出の拡大に資本主義の変化という構造的制約やソ連とその影響という政治的制約が存在する以上、一定の比率で成長する「規則的に進歩する経済」（Regularly Progressive Economy）(64) を前提とするヒックスの考えは容認できないものであった。柴田はこうした諸理由より投資の限界生産力の逓減は避けられず、それを克服するためには「人間がこれまでのやうに私の利益に狂弄(原文ママ)することを改め、人類一般の運命の開拓に奉仕する精神にめざめるのでなければならぬ」。

惟ふに、今や人類は新時代の黎明に直面してゐるのである。だから、此のやうな人間精神の啓発は、われわれの生活の各分野に於て世界の隅々に於いて次第に起りつゝある。此の世界的規模に於て芽生えつゝある「時代の力」を動員し得る権力——それが何れか一つの国家であるか、幾つかの国々であるか、それとも国際聯合であるかはとにかくとして——にしてはじめて、其の協力を得て、此の渾惑せる人類史——それは「新時代」誕生の陣痛期にあるが故にこそ渾惑してゐるのである——に新時代を招来する所の大事業を成就し得るであろう。私は、何れかの権力が、此の「時代の力」の偉大さに目ざめ、進歩的な新世界建設計画を身につけ、合理的な国民的及び国際的体制の樹立を標榜して、世界的に芽生えつゝある新意識に呼びかけて呉れることを、期待して已まないのである。そのやうなことの成功を予想してこそはじめて、規則的進歩経済なる概念は、現実性を持ち得るやうになるのである。(65)

こうした「世界史の哲学」的な主張が理論経済学書であるにもかかわらず登場してくることは、

柴田の基本的な思想が戦中戦後を通じてあまり変わらなかったことを示している。

ともあれこのように柴田は資本主義下における生産の拡大に懐疑的な見方をするとともに、経済成長に必要な有効需要の拡大についても疑問を投げかけた。柴田は貨幣用金の名目的流通速度は一定である（金基底率一定の法則）という自分の戦前の研究（第3章参照）から、「有効需要が無限に増加し得る為には、貨幣用金が無限に増加し得るのでなければならぬ」と主張した。[66]

ところが、現実の国際本位貨幣たる貨幣用金の供給量の将来の増加可能性の見通しは、あまり香しくないのである。殊に、（世界経済が先づ先づ満足出来る程度の増加率で大体に於いて恒常的に進展してゐたところの……期間に於ける）貨幣用金供給量の増加率に照して見る時には、尚更なのである。その上、金生産事情の相対的悪化といふ根深い所に起因して一般物価の下落の生じてゐるやうな場合には、此の下落を喰い止めようとする諸施策は却つて、貨幣用金の供給をますます抑圧する傾向を持つものである、といふことも銘記しなければならないのである。[67]

つまり柴田は供給面でも需要面でも拡大は難しいという立場に立ち、「規則的に進歩する経済」を否定した。

柴田のこうしたヒックス『景気循環論』への批判に対し、古谷弘、安井琢磨、森嶋通夫が書評を行ったが、それらの書評は柴田のヒックス理論批判における数式の解釈などを批判したものであり、柴田自身の資本主義観に対する評価はされなかった。[68] 柴田は批判の一部の正しさを認めたが基本的には自分の考えを変えなかった。[69] 柴田は日本における数理経済学の先駆者であったが、それを一層進めた後の世代の経済学者と、あくまでも資本主義の法則を求めるための手段としての経済理論を求めた柴田とでは断絶が生じていた。

IS-LMモデルの問題点

しかし、柴田の『ヒックス循環論批判』には戦後世代の経済学者も無視できない指摘が含まれていた。ヒックスは『景気循環論』第十一章でIS-LMモデルの安定性を論じており、均衡点に経済が存在しない場合の例として図1のAから出発する場合を考えている。IS（図1ではSI）曲線の下にあるA点では財市場では超過需要の状態であり、IS-LMモデルは価格の硬直性を前提としているケインズモデルであるため、財市場の調整は生産量の増加により行われ、財市場が均衡するB点までYが拡大する。B点は貨幣市場を均衡させるYとi（利子率）の組み合わせであるLM曲線（図1の右上がりの曲線）の下にあるため貨幣市場では超過需要であり、利子率は上昇してC点に達する。ヒックスはこうしたことが繰り返されることで、A→B→C→D→Eと逆ねじ式（反時計回り）に循環が続く「クモの巣定理」の状態になるとしている。[70]

図1　IS-LM モデルの安定性

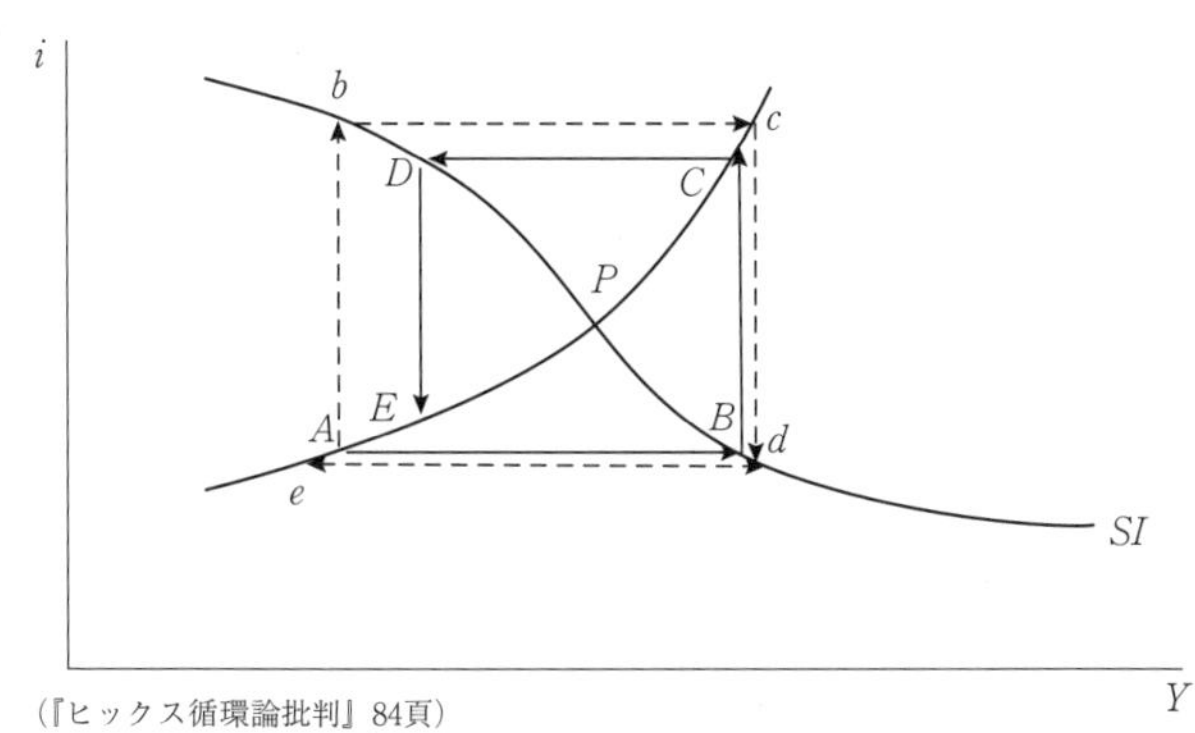

（『ヒックス循環論批判』84頁）

これに対して柴田はこのヒックスのＩＳ－ＬＭモデルにおける「クモの巣モデル」は通常の意味のそれとは逆方向であると指摘した。A点は財市場では超過需要の状態であり、しかも供給を急に増加できない場合は利子率が上昇してbに達する。すると利子率は貨幣の価格と考えられるため貨幣の供給が増加し、ＬＭ曲線上の点cに達する。するとこの点はＩＳ曲線の上にあるので財市場では超過供給の状態になり、利子率が低下してdに達する。柴田はこのように通常の「クモの巣定理」では$A \rightarrow b \rightarrow c \rightarrow d \rightarrow e$という真ねじ式（時計回り）になる筈であるとしている。[71]

森嶋通夫はこの点について、一九七七年の『ワルラスの経済学』において、ＩＳ－ＬＭモデルの安定性は価格による数量の調整が行われる新古典派モデルと価格が硬直的で数量が在庫投資により調整されるケインズモデルとで反対になると指摘し、柴田の『ヒックス循環論批判』がこの問題を最初に取り上げたと評価している。[72] 森嶋は前述のように復員後に「戦争中の右翼教官」を糾弾する活動をしていたが、柴田についても「左から右へ数年間のあいだに突っ走ったため、学界でも重きをなすことがなかった」と厳しい評価をしつつ、「強い独創性を発揮した」「彼は一種のアイデアマンであって、彼のアイデアは、しばしば奇抜であり、悪い場合には奇妙、最悪の場合には、奇怪ですらあったが、そのなかには考慮に値するものも数多くあり、戦前の薄い［経済学］輸出可能人名簿のトップを飾るべき人であった」とその研究を評価し、高田保馬、園正造（数学者、京大理学部、高田と共に数理経済学を研究）と並んで戦前日本を代表する経済学者としている。(73)

5 戦後の研究の評価

戦後の経済学研究の限界

柴田は『ヒックス循環論批判』の後も引き続き壊禍の法則に基づく限界生産力の低下を訴え続け、さらに自身の金基底率一定法則を実証しようと長年に渡って試みた。(74) ケインズ経済学による総需要拡大政策は一九三〇年代の不況に対する短期的な「劇薬的政策」であり、それが恒常的に用いられるようになったことでインフレ圧力が累積し、さらに本源財の異常消費をもたらしていると強く批判した。(75)

一九六〇年代に入り公害問題が深刻化し、さらに石油危機により天然資源の枯渇が現実味を帯びて語られるようになる中で、柴田は壊禍の法則を資源・環境問題に適用していく。柴田は化石燃料の将来の枯渇を予測する一方、原子力発電についてもウランの中で核分裂してエネルギーを発生するウラン二三五の割合はごくわずかしか無いため石油や天然ガスに代わりうるようなエネルギー源ではあり得ず[76]、放射能汚染や核テロリズムの恐れもあるとして批判的であった[77]。なお柴田は一九七三（昭和四八）年の『地球破壊と経済学』において「原子力発電所が沢山できれば、ことに長い間には、事故――その中には地震の事も考えられる――が絶対に起らないとは断言できない[78]」と述べている。晩年の柴田は化石燃料を使わない風力や波力、太陽光発電の研究に取り組み多くの特許を取っている[79]。

ただ柴田の戦後の経済理論研究は同時代の経済学者からはあまり顧みられなくなっていった。青山学院大学教授時代の一九六七年から翌年にかけてカーネギー工科大学（滞在中にカーネギー・メロン大学に改称）産業管理大学院（ＧＳＩＡ）に交換教授として渡米した柴田は、自分のケインズ経済学およびその解釈に対する批判について入念に準備した上でファカルティ・セミナーで発表したが、ブロンフェンブレナーが鋭いコメントをした以外は聴衆のＡ・Ｈ・メルツァーやＲ・Ｅ・ルーカスら著名な経済学者からはあまり反応は無かった[80]。一九七八（昭和五三）年に出た柴田の自伝『経済の法則を求めて』に対する伊東光晴と宮崎義一による対談書評の表題は「忘れられた経済学者・柴田敬」であった[81]。現在、柴田はエントロピー概念を経済学に利用した K・E・ボールディングや N・ジョージェスク‐レーゲンと並んで環境経済学の先駆者として評価されることはあるものの[82]、戦前の業績への評価と比べれば戦後の研究はあまり知られていないのが現状である。

率直に言って、純粋に経済学の観点からいえば、柴田の戦後の研究は『ヒックス循環論批判』の内容を超えるものではなかったと思われる。柴田が様々な要因を挙げて実証しようとした資本主義における限界生産力（一般利潤率）の低下自体は、リカードウの差額地代説（土地利用が拡大していくにつれて優等地ではなく劣等地が利用されるようになり、優等地と劣等地の価値生産性の違いが地代になる）とあまり変わらないものであり、柴田が「壊禍の法則」として重視した天然資源の枯渇も W・S・ジェヴォンズの『石炭問題』（一八六五年）で既に注目されている。柴田が戦後に「経済の法則」とみなした「壊禍の法則」は、他の経済学者から見れば「一種の「収穫逓減の法則」」、「マクロの限界生産力説[83]」と一言で説明されてしまうものであった。

さらに、柴田が「法則」の発見とその実証にこだわったことも戦後の経済学者にとっては敬遠されてしまった要因であると考えられる。宮崎義一と伊東光晴による対談書評では L・L・パシネッティの言葉を引用して、学派ができるにはシュンペーターが柴田に説いた三つの条件（第4章）だけでは不十分であり、原理のほかに分析用具が必要であるとしている。柴田が戦前から批判し続けたケインズの『一般理論』になぜ数多くの書評が出たかといえば、有効需要の理論という本来の経済法則のほかに、乗数理論、貯蓄・投資の均等の問題、利子率、流動性選好説などの分析用具が大論争となったからであり、経済法則に分析用具を作り組み込ませた時に経済学者は一つの構築物として学説を認識する。同対談書評では「柴田さんに足りないのは、おそらくケインズの場合になぞらえていうと『繁栄への道』のところで終わり、『一般理論』に相当するところに至っていないということだと思います」「基本原理と分析用具というのは分離してもいい〔中略〕が、その二つがくっつく時に一つの理論として体系化する。これは柴田さんがまだお気づきになっていない点だと思っていますが……。」[84]と指摘している。柴田が戦前に海外の研究者から高く評価されたのは「簡単化されたワルラス方程式」という分析用具を作り上げたからであり、戦後に「壊禍の法則」を提唱しながら柴田が「忘れられた経済学者」になっていったのは、結局十分な分析用具を作り出したり、同時代の経済理論で用いられる分析用具を使うことで自身の経済法則を説明することが十分できなかったことが原因であると思われる。

経済学研究とイデオロギー

戦後の柴田の研究書や論文には前節のような問題に加えて、文章や論理展開に柴田自身のイデオロギーが垣間見える。これは数理・統計的手法に慣れ、「資本主義の行方」「世界史における日本の役割」などの問題を考えなくなった戦後の経済学者にとってはどうしても違和感を覚える部分である。

「壊禍の法則」を公害や石油危機を踏まえて統計を用いて実証しようとした『地球破壊と経済

学』第一部の終り、「第三節　日本経済の活路」さらにその最後「C　日本経済の活路」にはそれぞれ「日本の世界史的役割」「わが国の世界史的役割」という副題が付けられている。ここで柴田は、経済大国として恐れられるようになり他方で資源の無い日本は「わが国民の頭脳の中にある富源に注目すること」により富源国を目指さなければならず、また経済大国として責任を果たすために「地球破壊防止機構」とでも呼べるものを作るべきであると訴えた。

もしわが国が、国民の頭脳の中の資源を開発することを立国の基本方針として確立し、その上にさらに、地球破壊の危険から人類を救うことを目ざした上述の提案を採択するなら、なにぶんにもそれの結果としての利益が世界の諸国にも一様に及ぶものであって、かりそめにも日本だけのためのものではなく、かつ、平和的な世界の建設だけに貢献するものであるから、日本人はエコノミック・アニマルだというイメージは立ちどころに消え去るだろうし、それよりも何よりも、日本は軍事大国になろうとしているのではないかとか核武装しようとしているのではないかという疑念は払拭されるだろう。そうすれば、世界の軍縮気運と平和化に拍車をかけるのに役立つだろうし、天然資源にかじり付いた生き方から解放されようとする機運を醸成するのにも役立つだろう。だが、それよりももっと重要なことに、わが国の若人たちは、人類の存続・将来のためにわが国が真剣になって立ち上ったことによって、感銘を受け、勇気づけられ、希望と誇りと喜びとをもって祖国を念い、心をひきしめて応分の責任を果そうとするよ

うになるだろう。(85)

最後の一文からも垣間見える愛国心に基づき、柴田は戦後、経済学研究や新技術開発とは別に様々な実践活動を熱心に行っている。次章では、柴田と戦後の政治との関わりについて、特に柴田自身が回想では触れず、またこれまで語られることがほとんどなかった政治的実践活動を中心に取り上げる。

注

(1) 柴田敬「敗因管見」『経済論叢』第60巻第4・5・6号、一九四五年、一頁。
(2) 同右、一～二頁。
(3) 同右、三頁。
(4) 同右、四頁。
(5) 同右、七頁。
(6) 京都大学百年史編集委員会『京都大学百年史　総説編』京都大学後援会、一九九八年、四六三～四六四頁。
(7) 森嶋通夫「ある人生の記録」『森嶋通夫著作集　別巻』岩波書店、二〇〇五年所収、七四頁。
(8) 京都大学経済学研究科・経済学部史編纂委員会『京都大学経済学部八十年史』京都大学経済学部八十周年記念事業実行委員会、一九九九年、五一頁。
(9) 同右、五一～五三頁。
(10) 高橋哲雄『先生とはなにか――京都大学師弟物語』ミネルヴァ書房、二〇一〇年、六七～六八頁。
(11)「Memorandum concerning Administration of the Educational System（日本ノ教育制度ノ行政ニ関スル覚書）」『日本管理法令研究』第1巻第4号、一九四六年、四三～四八頁。

(12) 山本礼子『占領下における教職追放――GHQ・SCAP文書による研究』明星大学出版部、一九九四年、四四～四九頁。
(13) 山本礼子『米国対日占領下における「教職追放」と教職適格審査』学術出版会、二〇〇七年、四一～四二頁。
(14) 文部大臣官房文書課『終戦教育事務処理提要　第三集』文部省、一九四九年、四五頁。
(15) 柴田敬『京大を去る』私家版（京都大学大学院経済学研究科・経済学部図書室所蔵）に一九四七年二月二八日付の柴田の公職追放決定通知が所収されており、本文中の理由により勅令第109号に該当するとされているが、内閣総理大臣の印は押されていない。大日本言論報国会編・刊行『大日本言論報国会会員名簿（案）』（一九四三年一月）には石川興二、石橋湛山、大河内一男、大熊信行、大塚一朗、太田義夫、小汀利得、加田哲二、鬼頭仁三郎、佐藤弘、酒枝義旗、杉本栄一、高嶋佐一郎、高瀬荘太郎、高田保馬、高橋亀吉、高宮晋、谷口吉彦、豊崎稔、中川与之助、中山伊知郎、難波田春夫、蜷川虎三、橋爪明男、土方成美、堀経夫、本位田祥男、松岡孝児、向井鹿松、山崎靖純らの経済学者・経済評論家と共に柴田の名前もある（関西大学図書館編『日本文学報国会大日本言論報国会設立関係書類　上巻』関西大学出版部、二〇〇〇年、四五〇～四六八頁）。なお作田荘一は大日本言論報国会の京都支部及び大阪支部の支部長であった（「支部設置認可願ノ件」一九四三年五月一三日付、関西大学図書館編『日本文学報国会大日本言論報国会設立関係書類　下巻』関西大学出版部、二〇〇〇年、二一八～二一九頁）。総理庁官房調査課『公職追放に関する覚書該当者名簿』日比谷政経会、一九四九年には柴田が「著書」を理由とする公職追放者と記載されている（五五八頁）。
(16) 『京都大学百年史　総説編』四六六～四六七頁。
(17) 『地球破壊と経済学』一六四頁。
(18) 池尾愛子「M・ブロンフェンブレナーと戦後日本経済の再建（一九四七～一九五二年）」『日本経済思想史研究』第11号、二〇一一年、四二～四六頁。
(19) 『新版増補　経済の法則を求めて』一七七頁。
(20) 『先生とはなにか』六六頁。
(21) 座談会「赴難の学――出陣学徒に餞る」（出席者：小牧実繁・佐藤義雄・市村其三郎・能田忠亮・柴田敬）『中央公論』一九四三年一二月号。

(22)『中央公論社七十年史』中央公論社、一九五五年、三三六頁。

(23)座談会の内容の一部は秦郁彦『昭和史の謎を追う　下』文春文庫、一九九九年、三五四〜三五七頁で紹介されている。

(24)丸山眞男「超国家主義の論理と心理」一九四六年、杉田敦編『丸山眞男セレクション』平凡社ライブラリー、二〇一〇年所収、七九頁。

(25)民科が第二回大会で決定した学界における戦争責任者のうち、経済関係は以下の通り。橋爪明男、難波田春夫、土方成美、本位田祥男、田辺忠男、赤松要、金子鷹之助、武村忠雄、加田哲二、高橋亀吉、大熊信行、高田保馬、柴田敬、黒正巌、佐野一彦、山本勝市、西谷弥兵衛、山崎靖純（柘植秀臣『民科と私――戦後一科学者の歩み』勁草書房、一九八〇年、六一頁）。

(26)『経済の法則を求めて』九六頁。管見の限り財閥解体に関する資料に柴田の名前は確認できない。『京大を去る』に「住友銀行其他の顧問としての地位を辞退した」という記述がみられるがこれと財閥解体との関係は不明である。

(27)尾崎政久『国産自動車を育てた人々』自研社、一九六〇年、一七頁。

(28)「国民皆農協会生る」『読売新聞』一九四五年一一月一五日。

(29)遠藤三郎『日中十五年戦争と私』日中書林、一九七四年、三三三頁。

(30)角山榮「柴田先生の学問を貫いたもの――帝国大学教授としての責任感と使命感」『大道を行く』所収、二四〇頁。

(31)角山榮『新しい歴史像を探し求めて』ミネルヴァ書房、二〇一〇年、八頁。

(32)藪内武「柴田蓄電池と皆農協会の思い出」『大道を行く』所収、二五九頁。

(33)柏市史編さん委員会編『歴史アルバムかしわ』柏市役所、一九八四年、一六〇頁。その後一九五〇年から米軍による接収が始まり、一九五五年には開拓地内に米空軍柏通信所が建設され、基地拡大により一九六三年に開拓農民は農地を手放した（千葉県東葛飾都市計画事務所編・発行『柏の葉――柏都市計画事業柏通信所跡地土地区画整理事業完成記念誌』一九九〇年、三一〜三二頁）。柏通信所の返還後は柏の葉地区として再開発されている。

(34)魚住弘久『公企業の成立と展開――戦時期・戦後復興期の営団・公団・公社』岩波書店、二〇〇九年、九九頁。

(35)同右、一五七頁。

(36)『新版増補　経済の法則を求めて』九六～九八頁。

(37) 梅尾良之『新しい電池の科学　高性能乾電池から燃料電池まで』講談社ブルーバックス、二〇〇六年、一二九～一三〇頁。

(38) 柴田敬「柴田式蓄電池について――いかにして重量能率を2倍強にも高め得たか?」『電気計算』第18巻第7号、一九五〇年。

(39) 特許庁総務部総務課『特許庁年報　第二巻（昭和二四年）』一九五一年、五四頁。

(40) 通商産業省大臣官房調査統計部編『通商産業省年報（昭和二十五年度）』奥村印刷株式会社出版部、一九五〇年、三八八頁。

(41)『地球破壊と経済学』一六六頁。

(42) 林信太郎「柴田先生を偲ぶ――世界に評価された最初の日本人経済学者の人間的側面」『大道を行く』所収、二六二頁。

(43) 和田昭允氏（都留重人義弟、東京大学名誉教授）インタビュー、二〇一四年二月一四日。

(44) 通商産業省大臣官房調査統計部編『機械統計年報（一九五五年版）』日本機械工業連合会、一九五五年、一八八頁。

(45)「柴田蓄電池と皆農協会の思い出」二五九頁。

(46) 湯藤實則「畏友柴田敬兄の思い出」『大道を行く』所収、二〇二頁。

(47) 阿部一蔵は元東京醸造取締役、祖父は明治生命保険創設者の阿部泰蔵であり、妻は西園寺八郎（西園寺公望の養嗣子）の娘である（佐藤朝泰『門閥――旧華族階層の復権』立風書房、一九八七年、一八一・一九一頁）。

(48) 橋本実斐は少年期から西園寺家に引き取られて養育された（岩井忠熊『西園寺公望――最後の元老』岩波新書、二〇〇三年、viii頁）ため、阿部一蔵とは西園寺家を通じて関係があったようである。

(49) 阿部一蔵「柴田先生の蓄電池事業」『大道を行く』所収、一一〇～一一一頁。

(50)『新版増補　経済の法則を求めて』一〇〇～一〇一頁。

(51)「柴田先生の蓄電池事業」一一一頁。

(52)『新版増補　経済の法則を求めて』一四二頁。

(53) 『地球破壊と経済学』一六七～一六九頁。
(54) 「年譜」『新版増補　経済の法則を求めて』二三一頁。
(55) 「柴田先生の蓄電池事業」一一一～一一二頁。
(56) 柴田敬「はしがき」同『ヒックス循環論批判』弘文堂、一九五二年、一～三頁。
(57) 『ヒックス循環論批判』冒頭。
(58) ヒックスの『景気循環論』の理論概要について、吉川洋『現代マクロ経済学』創文社、二〇〇〇年、一一七～一二一頁を参考にした。
(59) 『ヒックス循環論批判』三八～三九頁。
(60) Hicks, J. R., *A Contribution to the Theory of the Trade Cycle*, London, Oxford University Press, 1950, p. 61. 古谷弘訳『景気循環論』岩波書店、一九五一年、八四頁。
(61) 『ヒックス循環論批判』四九～五〇頁。
(62) 同右、五二頁。
(63) *A Contribution to the Theory of the Trade Cycle*, pp. 96-97. 古谷弘訳『景気循環論』一三三頁。
(64) *A Contribution to the Theory of the Trade Cycle*, p. 57. 古谷弘訳『景気循環論』七九頁。
(65) 『ヒックス循環論批判』五四頁。
(66) 同右、五六頁。
(67) 同右、五七頁。
(68) 古谷弘「柴田敬「ヒックス循環論批判」」『経済研究』第3巻第3号、一九五二年。安井琢磨「柴田敬氏の「ヒックス循環論批判」」森嶋通夫「柴田敬氏の「ヒックス循環論批判」に寄せて」ともに『季刊理論経済学』第3巻第3～4号、一九五二年。
(69) 柴田敬「拙著に対する批判に答える」『季刊理論経済学』第3巻第3～4号、一九五二年。
(70) *A Contribution to the Theory of the Trade Cycle*, pp. 147-148. 古谷弘訳『景気循環論』二〇三～二〇四頁。
(71) 『ヒックス循環論批判』八四～八五頁。
(72) 西村和雄訳『森嶋通夫著作集9　ワルラスの経済学』岩波書店、二〇〇四年、一八三頁。

(73) 森嶋通夫「ロンドンからみた日本の経済学——欧米は「攻撃型」で日本は「守備型」」『エコノミスト』一九七五年一一月一〇日号、二〇～二一頁。
(74) 柴田の金基底率一定法則研究については、貞木展生「「金基底率一定の法則」をめぐって——貨幣的経済理論の展開との関連性」杉原四郎・公文園子・新田政則編『柴田経済学と現代』日本経済評論社、一九九一年所収を参考のこと。
(75) 柴田敬『増補　転換期の経済学』日本経済評論社、一九八七年、第一章～第三章など。
(76) 『地球破壊と経済学』一四～一六頁。
(77) 同右、三四～三六頁。
(78) 同右、三五頁。
(79) 「クリーンエネルギーに関する特許出願」『新版増補　経済の法則を求めて』所収、二五二～二五三頁。
(80) 豊田利久「カーネギーでの柴田先生」『大道を行く』所収、一六二頁。
(81) 伊東光晴・宮崎義一「対談書評　忘れられた経済学者・柴田敬——柴田敬著『経済の法則を求めて』をめぐって」『経済評論』一九七八年八月号。
(82) 室田武「地球環境と経済的再生産の諸問題」『柴田経済学と現代』所収など。
(83) 「対談書評　忘れられた経済学者・柴田敬」一一四頁。
(84) 同右、一一四頁。
(85) 『地球破壊と経済学』一〇一～一〇二頁。

第7章　政治と学問との間で

1　山口大学での波紋

山口大学経済学部

柴田は追放解除後、母校の山口高商が改組した山口大学経済学部の教授に一九五二（昭和二七）年七月一日付で就任[1]して学界に復帰し、翌年一月に経済学部長に就任した。山口高商・山口大学経済学部の同窓会誌『鳳陽』に寄せた教授就任の挨拶において「戦いに敗れ、満洲その他の富源を奪われてからは……頭の中の富源を開発する以外には道はない。」「そのためには、科学を発達させる以外にはない。」「私は私の日ごろのこの科学立国の精神をもって、まず母校に研究的精神を燃え上がらせ……科学立国運動の先端を切りたいと思う」と述べ、スイスの小都市ローザンヌにあるローザンヌ大学がワルラスによってその名を経済学史上に留めているように、山口大学経済学部を経済学史に名前を留めるような存在にすること、すなわち山口大学経済学部を日本のローザンヌ大学にしたいという抱負を述べた[2]。一方で柴田は学部長就任時に「経済学部は今後いよいよ本腰を入れて経済学の発展に貢献し、マルクス理論やケインズ理論等によって混乱され、踊らされている世界の学界に真理の光明を投げかけるつもりでありますが、ただそれだけでなく、学生の教育指導についても特別の考慮を払うつもりであります。半知半解のマルクス思想に浮かされて、赤い旗を振るような軽薄な学生の出る余地のないほど、着実な学問的雰囲気の中に学生を指導教育するつもりであります。」とも所信を述べている[3]。

ところで、山口大学経済学部は新制大学としての態勢が一応整った時点から大学院設置を目指していた。当時の文部省は大学院を旧制大学所在学部に限定して設けるという方針をとっていたため、山口高商以来の伝統を自負する山口大学経済学部は「もし大学院の設置が旧制大学所在学部だけに限られるということになれば本学は三流大学に転落する」という危機感を抱き、同窓会である鳳陽会は一九五二年四月に全国支部長会議を開き、大学院設置のため山口県出身代議士や文部省と関係の深い代議士への働きかけを図ると同時に経済学部拡充資金運動の推進を決議した[4]。柴田は当時の山口の財界人が大学院設置や経済学部拡充のための寄付を考えてくれたとしている[5]。

その一方で柴田は当時の松山基範学長から「経済学部に大学院を設置するなんて、とても無理です。マルクス派の教官が支配していて、学生もそれに動かされている。経済学部の寄宿舎・鳳陽寮は、学生に占拠されていて中を見ることもできない。道をはさんで鳳陽寮の横にある警察学校で校歌合唱が始まると、こちらではインターナショナルで呼応する。山口警察署からは、鳳陽寮は共産党の秘密集会所になっているといって、しばしば抗議を申し込まれている」と聞かされた[6]。山口高商時代から続く鳳陽寮の現状を知った柴田は経済学部長に就任すると寮改革に取り組み、東京の銀座教会の三井勇牧師に依頼して[7]福井二郎牧師を寮の舎監として推薦してもらった[8]。福井二郎は一九三〇年から三五年に山口高商で中国語の助教授を務めた後、満洲国の熱河省（現在の河北省・遼寧省・内モンゴル自治区にまたがる地域）で沢崎堅造（元京大人文科学研究所所員、石川興二門下）と共にキリスト教の伝道（熱河宣教）を行ったことで知られ、当時門司教会牧師であった[9]。柴田は年度替わりを期して新入生を全員寮に入れ、五つの寮にそれぞれ一人ずつ指導学生を寮長として配置する事にし、一九五三年二月に既存の寮生全員に退寮通告を出した。期末試験勉強中だった寮生は驚き寮生大会を開いて反対を決議し学部に申し入れをしたが、柴田は規則に則ったものであるとして頑としてこれを聞き入れなかった[10]。

また、一九五三年六月一日の山口大学開学記念行事として学生自治会は社会科学研究会の後援を受けて戦前から講座派マルクス主義の重鎮として知られていた平野義太郎を招き、講演会を経済学部講堂で開催しようとした。このための講堂借用の申し入れに対して柴田はこれを教授会に諮り、平野の言動からして学術講演とはならない恐れが濃いという趣旨の理由でこの申し入れを拒否した。これに対し学生は反発し、また教授だけにより構成される教授会の運営に反発する若手の助教授、講師、助手から結成された「助講会」も学生に同調して柴田と真っ向から対立した。結局平野の講演会は開かれたが、若手教官と柴田との間の溝が深まることになった[11]。

こうした鳳陽寮をめぐる問題、講演会開催をめぐる問題、さらに自分の担当していた授業「経済変動論」を学期途中に選択科目から必修科目へと変更しようとしたことなどにより[12]高まっていた柴田への学生と若手教官の不信感が爆発し、山口大学を揺るがせ社会的にも反響を呼ぶことになったのが一九五三年六月に起きた「柴田書簡問題」である。

柴田書簡問題

柴田によれば、当時山口警察署から「経済学部の教官某は県北の日本海岸で北鮮（原文ママ）スパイと連絡をとっていた」とか「某は岩国の米軍基地をスパイしていた」といった警告を受けていた（朝鮮戦争休戦協定が結ばれるのは直後の一九五三年七月二七日であり、当時朝鮮半島に近い山口県では国境治安維持が重視されていた）[13]。柴田は京大時代に左翼的な学生から話を聞いて警察に釈明することで警察の手から学生を守っていた（第3章参照）ため、同様のことをしようとしたが、教官を直接呼んで話を聞くよりは自発的な釈明に待った方が良いと考え、次のような書簡を全教員に送ったとしている[14]。

拝啓、籔から棒に此のような御手紙を差上げて御騒がせしてすみません。実は本学部の教官のうちに学究にあるまじき政治活動をしている人があるという警告を受け、聊か憂慮しているのです。私は、そのような警告を与えられる向に対して、それが誤解にもとずくものなる所以を、出来ることならそれ〲のケースについて一々確固たる根拠によつて弁明し、事態の悪化を防止し、以て学問の自由と学部の自治とを擁護したいのです。それで若し学兄がだれかと面会されたこと、又はどこかの集合に参加されたこと、ないしはその集合で発言其の他の行動をされたことが、学究にあるまじき政治活動をしたものと解されたかも知れぬ、というようなお心当りでもおありでしたら、どこでいつ誰にあつたこと、又はいつどの集合に参加したこと、ないしはいつどの集合でどのように言つた（又はした）ことがあるが、それは実は斯うであつたのだ、ということを小生宛至急お知らせ下さいませんでしようか（私は少くとも十二日頃までは東京に居るつもりです。）もつとも此の手紙は嫌疑を受けて居られないお方にも此の様に差上げて居ります。さうしたのでは要らぬお騒がせをする事になるので誠に相済まない訳ですが嫌疑を受けて居られるお方だけに差上げたのでは、それこそ大変な御迷惑をその方におかけする事になる恐れがあるからです。

その点は何卒御諒解戴き度く、御多用中御手数かけて恐縮ですが、何分宜敷お願い申上げます　頓首(15)

この柴田の行動はそれまでの学部内での柴田に対する不信感と合わさり、教官に対する思想調査、思想弾圧であるとして大きな波紋を引き起こした。学生自治会による柴田の排撃運動が高まりを見せ、山口大学教職員組合は講演会開催問題など一連の柴田の行動を「逆コース的風潮に便乗した非民主的行為」であると糾弾し、責任を明確にすることを要求した[16]。この柴田書簡問題は地元山口で大きく報道されるとともに、国会で数回に渡って取り上げられるなど国政の場でも議論された。経済学部助講会は柴田に対して、なぜこのような書簡を出したのかその真相を明らかにするように迫ったが、柴田はそれに応じなかった[17]。柴田が本当に善意から書簡を送ったのか、あるいは公安関係者が柴田を利用して教官の活動を把握しようとしたのかは不明である。

この柴田書簡問題を契機に経済学部助講会は教授会の民主化を要求し、全教官による会合が何度も開かれ議論が重ねられた結果、同年八月に「山口大学経済学部教授会議事運営規則」が合意され、人事だけは教授のみからなる教授会の専決事項として残されたが、他の大部分の事項に関しては助教授および常勤講師を加えた拡大教授会で決定されることになった[18]。さらに学生自治会の地位と活動の自由が保障され、年二回の学生大会については午後休講の措置が取られるようになるなど学生側の要求もある程度認められたため、事態は沈静化に向った[19]。柴田は学生処分を決める教授会で「こんどの騒動は、もともと私が十分に諸般の実情を知らずに、うかつなことをしたために生じたものである。学生を規則違反に追い込んだのは私自身である。その点を私は深くおわびしたい。もちろん、原因のいかんを問わず規則違反をしたことについては、学生もわびる、ということでお許し願えないだろうか」と述べたとしている[20]。

なお、柴田の書簡が波紋を引き起こした背景[21]として、同時期（一九五三年六月）に同じ山口県内で起きた「山口日記事件」に端を発した教育の政治的中立のあり方をめぐる論争が行われており、いわゆる教育二法（「義務教育諸学校における教育の政治的中立の確保に関する臨時措置法」および「教育公務員特例法の一部を改正する法律」）の制定が国政における大きな政治問題になったことが挙げられる。山口日記事件は日本教職員組合（日教組）の下部組織である山口県教職員組合が自主教材として編集した「小学生日記」および「中学生日記」の欄外記事が反米・親ソの内容であり政治的に偏向しているとして問題となったものである。山口県内の教育界、労働界では同時期に起きた柴田書簡問題と山口日記事件とが共に教育への政治の干渉として認識されていた[22]。一九五三年七月に文部省は山口日記事件を契機に文部次官名で「教育の中立性の維持について」と題する通達を出し、翌一九五四年二月に教員の政治活動を制限する教育二法が国会に提出された。教育二法の審議の過程で「偏向教育の事例」に関わる調査等のために各党会派合わせて三名ずつ調査員が山口県などに派遣され、柴田も聞き取り調査を受けている[23]。日教組は教育二法を政府による教育への弾圧であると強く反発して反対運動を繰り広げ、一九五四年二月に「教師弾圧資料集」として『中立性をおかすものは誰か』を発表したが、その中で教育現場における政治干渉の例として山口日記事件などと共に「山口大学経済学部の事例」が取り上げられた[24]。最終的に教育二法は一部修正の上一九五四年五月二九日に可決・成立し、六月三日に公布された[25]。

柴田は自伝では山口大学の混乱が収まった後、「マルクスの経済理論にとどまるのではなく、その根底にある唯物史観や哲学思想にまでさかのぼって勉強しなおす必要を痛感し始めた」ため、長い間遠ざかっていた唯物史観の研究の「追跡に没頭させられることになった」としている。[26] 柴田は東京に居を構えながら月に一度か二度山口に来て講義と事務を行い、柴田の不在期間は当時講師だった安倍一成（後に教授、退官後東亜大学学長、萩国際大学理事長）が学生の指導に当たった。柴田が山口に来た際にはゼミナールが集中的に開かれ、柴田と安倍、および柴田と学生との間で激論が繰り返された。[27]

その一方で、柴田が山口大学時代後半、そして後の青山学院大学時代に恐らく研究と同じくらい熱心に取り組んだのは、自伝や回想では一切触れられていない言論活動や政治的実践活動であった。

2　戦後の言論活動

ソ連への警戒

学界への復帰と同時に柴田は活発な言論活動を再開する。『中央公論』一九五二（昭和二七）年八月号に柴田は「経済評論家」という肩書で前外相の有田八郎、評論家の石垣綾子らと共に外交に関する座談会に参加している。[28] この当時の柴田は資本主義の危機は本当に来るのか、そしてそれをソ連はどのように利用しようとしているのかという観点からソ連の動向に強い関心を抱いており、当時外務省職員になっていた元京大経済学部講師の飯田藤次と議論を交わしていたようである[29]。一九五二年一〇月の第一九回ソ連共産党大会（スターリン体制下最後の党大会）について柴田は「此度のソ連共産党大会で公式化されたソ連の外交新戦術は、明らかに、一般危機論に対する疑念がソ連圏内で由々しい問題になりかゝつていることのためにやむなく採用されたものだ」と分析し、「ソ連を根本的に克伏するため」には、資本主義が必然的に危機に陥るとするマルクス主義の一般危機論を学問的に克服するとともに「一般危機論を超克せる学問」に基礎づけられた政策を行うことが必要であると主張していた[30]。

柴田はマルクス主義者の資本主義崩壊論が誤っているにもかかわらずそれが受け入れられ、「資本主義崩壊論」を間違いだと公言できないのは自身の発見した「壊過の法則」（第6章参照）と「金基底率不変法則」（第3章参照）が経済学で見落とされているからだと主張した。つまり壊過の法則によって利潤率が低下するにもかかわらず、それを労働者も企業者も知らないため労働者が企業者を利潤率低下の要因とみなして攻撃したり、企業者は壊過の法則を緩和するのに必要な国際貿易を自分の独占利益のために阻害したりする。さらに経済変動は金基底率により制約されるにもかかわらず過少消費説を恐慌の原因と考えられている。こうした経済学の「逆立ち」により資本主義崩壊論が力を持ち、「人類の心奥の念頭に反するもの」であるソ連の全体主義制を否定できないことが「恐ソ病」の原因の一つであるとするのが柴田の考えであった[31]。一九五五年一〇月の山口大学における山口高商創立五十周年式典で柴田は「世界革命について」という題で講演している。[32]

こうした「反共・反ソ」的な考えは当時の右派の論壇と親和的なものであり、柴田は右派色の強い雑誌『綜合文化』[33]に連載「経済学的に見たる世界史の現段階」などの多くの論稿を寄稿していた。『綜合文化』は民族運動家の戸松慶議が主宰する綜合文化協会[34]が刊行しており、戸松は戦後、元建国大学教授の中山優に紹介されて作田荘一に師事するようになっていたため、[35]柴田の『綜合文化』への執筆は中山や作田からの依頼あるいは紹介によるものかと思われる。柴田は一九六三年から六七年にかけて刊行された作田の大著『道の言葉』（全6巻）の企画に発起人として加わり完成に尽力する[36]など、一九七三年まで健在だった作田を最後まで慕っていた。

鵜匠の理論

柴田は『綜合文化』に掲載された論文において、労働運動は企業者能力の重要性を見落としていると指摘した。企業者能力が良く発揮されればされるほど企業者の余力が生まれ、それをプロレタリアートが団結の力で吐き出させることができる。つまり優れた企業者能力とその能力を発揮する熱意を持っている本当の企業者はプロレタリアートにとって鵜飼の鵜というべきものである。しかし「これまでの労働運動は、この鵜を上手に使いこなすことを目的としないで、鵜を退治することを目的としていた」。したがってプロレタリアートはどの企業者が有能な鵜であるかを見極め、それを使いこなす鵜匠になるように努力しなければならない。金融機関も優れたプロレタリアートの組合によって支援される企業者を持つ企業に融資をするようになるだろう。こうして「民主主義的企業主義的な生産関係の形成の助長」が行われる。

事態がこのようにして進めば、いわゆる階級闘争は自らにして解消する。だが、この階級闘争解消は、温情主義や民族主義の実名の下にかくれてプロレタリアートの屈従を強化するものとは全く相反するし、労働者解放革命という魅惑的なスローガンによってたぶらかしてプロレタリアートを奴隷的鉄鎖につなぐものとも全く異る。階級闘争が解消されて生産力がぐんぐん延びて行くようになれば、人間の頭脳の中の富源を開拓して――すなわち企業者能力を発揮して――生活を向上出来ることが自覚され、自然富源ほしさに外国領土を侵略する邪念も起らなくなる。その場合のわが国は、世界の誰に対しても、隅々まで公開出来、それを見た人々はわが国の愛好者になるであろうし、わが国のプロレタリアートは、諸外国の事情をつぶさに聞くほど、自分たちの制度の方がいかにすぐれているかを、はっきりさとるであろう。ソ連のように、プロレタリアートと外国人との自由な接触を問題とすることはない。(37)

柴田はこうして階級闘争の解消により日本が発展し世界の同情と敬意を得られるようになれば、「世界に向って、世界国家建設の必要とそれの合理的な運営の必要とを訴えよう」「世界史の発展法則に則った世界正義を、世界に向って堂々と叫ぼう」と主張した。柴田は第二次大戦後の世界は通信・運輸手段の発達や国際連合や国際通貨基金の創設などにより世界国家樹立に向って動いていると考え、所有権の確立が「所有の不平等は正義に反する」と考える正義感を普及させたように、世界国家が建設されれば「領土の不平等は正義に反する」と考える正義感が普及するだろうとしている。

ともあれ、柴田が企業者とプロレタリアートの関係について述べた「鵜匠の理論」は、シュンペーターの企業家理論を踏まえて高度成長後の日本のコーポレート・ガバナンスの特徴とされた「従業員主権」を先取りしたものとも、または伝統的なコーポラティズムの考えともいえるが、企業組織を変革することで経済全体を変革しようとする発想は経済新体制運動で柴田が主張した考え（第5章参照）とそれほど変わらないものといえる。柴田はこの「鵜匠の理論」についての論考を保守系の教育団体「自由文教人連盟」からパンフレットとして出版する。[38]自由文教人連盟は日教組に対抗し、[39]「わが国文教界の現状に対して、深刻な反省を行い、荒らされた教育の場を清掃するとともに、進んで日本にかくあるべき教育制度を確立し、教育の転職の自覚と誇りを取戻し、次の時代を担うべき若き国民を健康に育成する」[40]ことを目的として一九五六（昭和三一）年五月に設立され、[41]柴田は日本大学大講堂で開かれた結成大会の議長および同連盟の理事を務めていた。[42]

さらに柴田は政治家や労働組合関係者らと共に「民主主義的企業主義的な生産関係」を実行に

移そうとしていく。その舞台が「民主経済研究会」であった。

3　民主経済研究会

研究会の参加者

柴田の参加した民主経済研究会には不明な部分が多いが、一九五五（昭和三〇）年または五六年に柴田らによって設立されたようであり、[43] 自民党の大物政治家の石田博英を会長として読売ホールで設立記念講演会が開かれ正式に発足したのは一九五八年一〇月であった。[44] 石田博英は石橋湛山の参謀格であり石橋内閣で官房長官を務めたことでも知られるが、早稲田大学で社会運動家の賀川豊彦の影響を受けて学生消費組合運動に参加したり、日本経済新聞記者時代には戦後の読売争議の際に新聞放送記者連盟を設立して日本共産党と対決したり、[45] 元共産党委員長の田中清玄と戦後に親交を続けるなど、[46] 共産党に批判的な労働運動関係者や左翼転向者と以前から関係があったようである。石橋内閣総辞職後に第一次岸信介内閣で引き続き官房長官（一九五七年二月～七月）を務めた石田は公労協（公共企業体等労働組合協議会、総評（日本労働組合総評議会）系の三公社五現業（国鉄等）の労働組合の協議会）の賃金闘争を日本社会党と折衝して収拾することに尽力し、それが岸信介首相に評価され改造内閣で労働大臣に就任した（一九五七年七月～

五八年六月)[47]。労働大臣退任後に石田は労働組合幹部や学者の参加した慰労会に出席して「階級的利害の対立はあっても、共に日本国土という同じ地域社会に住んでいるからには共通の利害が必ず存する。また同じ企業に働いているという共通の利害も労使双方にある筈だ」という意見を聞き、「これ等の意見を結集して今日の民主国家日本の発展に幾分の寄与あらんことを願い」民主経済研究会を創設して話し合いの場を作ったと一九五九年に書いている[48]。

民主経済研究会には会長の石田のほか二階堂進[49](自民党衆議院議員)、佐々木盛雄(自民党衆議院議員)、山花秀雄[50](日本社会党衆議院議員)、山本幸一(日本社会党衆議院議員)などの政治家が顧問として参加していた。また顧問の柴田のほか蝋山政道(顧問、お茶の水女子大学)、福田敬太郎(顧問、神戸大学)、藤林敬三(顧問、慶應義塾大学)、林健太郎(常任理事、東京大学)、時子山常三郎(常任理事、早稲田大学)、利光三津夫(理事、慶應義塾大学)、水谷一雄(理事、神戸大学)、大石泰彦(評議員、東京大学)などの学者、さらに労働組合関係者や下中弥三郎(顧問、平凡社社長)などが加わっていた[51]。

柴田が民主経済研究会に参加したのは戦前の経済新体制運動の人脈(第5章参照)によるものと考えられる。柴田と共に会を設立したのは竹本孫一(のち民社党衆議院議員)であり、田中直吉(当時法政大学)も参加していた(共に常任理事)。また後に大河内一男(東京大学)も同会顧問として加わっている[52]。柴田や竹本らと共に会を設立し、常任理事(のち理事長)・事務局長で民主経済研究会を実質的に動かしていた和田善太郎は当初社会主義者だった[53]が、後に転向して銀座に日本政治経済調査所を設立して二・二六事件前後に軍や右翼関係の情報を収集して各方面に配布したり[54]、石原産業社長の石原広一郎の庇護を受けて戦時経済研究所を設立するなどの活動[55]をし、竹本と共に新体制運動期に産業組合を母体として結成された日本革新農村協議会（革農協）の一員であった。革農協は柴田が当時参加していた革新社（第5章参照）との関係があったようである[56]。柴田は新体制運動に関係した際に出会った人物については戦後になっても高く評価しており、林信太郎（第5章・第6章参照）は通産省官僚時代の一九五九年に海外技術者研修協会（現・海外産業人材育成協会）を設立するにあたり、穂積五一（当時アジア学生文化協会理事長）を理事長とすることについて柴田に意見を聞いたところ、柴田は即座に「穂積五一先生というのは非常に立派な純粋な人だ。当時の日本の国粋主義者であれ程純粋な人はいない」と言ったと回想している[57]。

また、一九六二年頃から亀井貫一郎（元衆議院議員、戦前の無産運動や新体制運動で活躍）が顧問に加わっている。亀井も無産運動の人脈、あるいは竹本や和田らと共に革農協に関係していたことから新体制運動期の人脈と考えられるが、亀井は終戦直後に起きた隠退蔵物資事件（軍服事件）に関して国会で証人喚問を受け、その際に石田博英は亀井を厳しく追及しており[58]、その石田が会長を務める民主経済研究会の顧問に亀井が就任した経緯については不明である。

なお、民主経済研究会が正式に発足する直前の一九五八年九月には石田が労働大臣として成立に尽力した日本労働協会法に基づく特殊法人として日本労働協会（現・労働政策研究・研修機構）が設立されており、民主経済研究会は日本労働協会と強い関係があった[59]。また財界が労働運動に対抗するために設立した日本経営者団体連盟（日経連）とも何らかの関係があったと考えられる[60]。さらに元共産党指導者の鍋山貞親や風間丈吉が主宰する世界民主研究所とは人的なつながりがあり[61]、鍋山や風間は民主経済研究会の機関誌『真実』に寄稿したり座談会に出席している[62]。会長の石田博英は『真実』に掲載された池田勇人との対談で「労働組合員の中でも、今までの労働運動にあきたりないで、何か新しい民主的な経済構造と、新しい組合運動のあり方を求めて行こうというような、意欲的な人」が『真実』の読者であるとしており[63]、同誌は階級闘争路線ではなく労使協調路線に立つ労働組合関係者を対象とする啓蒙活動のために刊行されていた[64]。全体として民主経済研究会は人脈や思想面で後の民社党（一九六〇年結党）と近い関係にあった[65]。

民主経済研究会では「哲学研究委員会」「価値研究委員会」「民主政治体制研究委員会」「民主経済構造研究委員会」「企業民主化研究委員会」「民主的労働運動研究委員会」「各種思想研究委員会」「時事問題研究会」といった委員会や研究会が月一回のペースで開催されており、柴田は大石泰彦や水谷一雄、竹本孫一らと共に価値研究委員会に属していた[66]。価値研究委員会では価値の実体は何かをめぐり何度も議論が行われ、柴田は委員会での報告で労働価値説も主観価値説も不十分であり、新しい価値論は「これからの世界は労働者みずからがつくり出すものであるとの自覚をもたせるのに足りるものでなければならない」と主張した[67]。和田善太郎は「ものの値いを構成する条件は他人の欲望するものを、人権を確立している社会の人間が占有しているものにかぎられる」という考えを提案し、柴田はそれに賛成したという[68]。

さらに民主経済研究会では一般向け講演会を開催しており、石田博英や田中直吉らを講演者として一九五九年一二月に開催された講演会で、柴田は佐々木盛雄・山花秀雄らの祝辞の後に、「水いらずの資本主義、水いらずの社会主義の時代は去った。新しい時代をむかえるために、われわれの会の努力は傾けられているのだ」と全会員を代表して挨拶している[69]。

政治対立と高度成長

柴田は一九六〇（昭和三五）年に山口大学から移り青山学院大学経済学部教授となる。柴田が青山学院大学経済学部に招かれたのは同学部教授の日下藤吾（ひのしたとうご）が推薦したことが影響したとみられる[70]。福岡出身の日下は東京帝国大学経済学部で土方成美に学び、卒業後に九州経済専門学校（現・福岡大学）に勤務しながら改めて九州帝国大学で高田保馬から理論経済学を学んでいる。その後満鉄調査部、北支那開発株式会社を経て企画院調査官として国土計画策定に従事する[71]。一方で日下は玄洋社社員であり[72]、戦時中は修猷館の先輩である中野正剛と共に東條英機内閣倒閣運動に取り組み[73]、戦後は専修大学、拓殖大学を経て青山学院大学教授となっていた[74]。当時理論経済学講座を担当していた日下は、青山学院の大木金次郎院長（学長兼任）から博士課程の大学院を早急に創設したいがそれには理論経済学の分野で柱になるような大物教授が必要であると相談され[75]、故郷福岡の先輩でもある柴田を推薦したとしているが[76]、日下は『綜合文化』の執筆者であり[77]、自由文教人連盟にも参加してパンフレットを執筆しており、[78] さらに民主経済研究会で理事を務め同会の価値研究委員会に参加するなど、以前から柴田と関係があったことが青山学院大学への推薦に影響していると思われる（ただし大木金次郎自身は山口高商教授時代に柴田を教えた元明治学院長の矢野貫城（つらき）から柴田を推薦されたとしている）。[79]

柴田自身は「波乱に満ちた学究生活のせめて最後だけは、心静かに送りたいと思」い、「若いころの私の心をとらえたキリスト教の精神が深くしみこんでいて、私の念願をかなえてくれるような雰囲気があるだろう、と思った」ため青山学院大学を選んだとしているが、「私の念願は、半分は満たされ、半分は満たされなかったとでもいうべきであろうか」と述べている。柴田はこれは具体的にはケインズ経済学に対する疑問にあと一歩で決着をつけることができるところまで来たが学園紛争に翻弄されてしまった（後述）ことであるとしている。[80] しかし柴田は実際には研究の一方で引き続き言論活動を行うとともに民主経済研究会に深く関わり、石田博英ら政治家と交流を続けていた。

柴田が青山学院大学教授に就任した直後の一九六〇年五月から六月にかけて安保闘争が激化する。新安保条約が自然承認され岸信介内閣が退陣を表明した直後に書かれた一般向けの文章で、柴田は安保闘争に代表される国内の保守と革新との対立を韓国と北朝鮮との間の軍事境界線に例えて「三十八度線」と呼んでいる。柴田は「三十八度線の向う側の者」（社会主義者）が何とかして「安保体制打破の工作」を行おうとするのは唯物史観に基づき革命を行おうとしているからであるが、唯物史観は「歴史の現実の発展法則を、逆立ちさせたものに過ぎない」。実際には資本主義の発展に伴い労働賃金の上昇や労働時間の短縮が進んでいる。にもかかわらず日本では「唯物史観に迷い込んだ人がすくなからず存在していた上に、アメリカが占領政策を誤ったために、それらのひとびとが、わが国の思想界や学界や労働運動界における指導的な地位を、占領してしまったのである」。だが国民の生活が安定し、所得の不平等が少なければ社会主義に惹きつけられる国民は少なくなり、三十八度線は消滅する。したがって「国内の三十八度線の向う側に惹きつけられかかつた国民大衆を、できるだけ多く、こちら側に引きもどすような政策をとること」「やがてぶり返さるべきその騒ぎを、国民大衆にとつて魅力無きものたらしめるような政策を、大胆に打ち出すこと」を柴田は主張している(81)。

岸内閣の後を継いで一九六〇年七月に発足した第一次池田勇人内閣で、石田博英は日経連の推薦により前年から続いていた三井三池争議の収拾を期待されて再び労働大臣に就任する(82)。また民主経済研究会顧問の佐々木盛雄も内閣官房副長官に就任し、石田と佐々木の就任祝賀会で柴田は、石田に願うこととして「労使の対立、あるいは保守と革新の相剋は、見えないうちに国内に38度線を敷いている。これの解消につとめていただきたいこと、それはひいては国際的平和をもたらすゆえんである」と強調した。これに対して石田は「三池争議についても、私は法の厳守を主張する、日本では歴史の浅さもあろうが、とかく単純性というか、ものごとをかんたんに割りきるくせがある。それは、寛容と話し合いという民主主義の訓練が不足なためによるものだ」と述べている。[83] 石田の努力により最終的に三池労組が中央労働委員会斡旋案を一一月一一日に受諾して三井三池争議は終結し、この功績を買われて石田は以降も三回に渡り労働大臣を務めることになる。さらに三井三池争議解決直後、柴田は民主経済研究会の副会長に就任した。同会総会において柴田は次のように就任の言葉を述べた。

現下もっとも重要な問題は、いかにしたら国内の三十八度線を消しうるか、国民に共同の広場を与えうるかにある。このことを推進しうる政治家の一人として、われわれは石田会長に信頼をおく。私があえて副会長をひきうけた理由の一つがそこにある。それに私はこの会の創立いらい関連をもってきた。それは私はこの会が総評、全労［全日本労働組合会議、後の同盟（全日本労働総同盟）］の人びと、社会党、自民党の人びと、財界の人びとなど多彩な人間的集まりであり、共同の場を求めて努力している特異性に私は非常に共感をもっているからだ。この意味で全会員のご協力を乞う。[84]

一方、以前から「月給二倍論」を掲げていた池田勇人は首相になると所得倍増を打ち出し、一九六〇年一二月二五日に所得倍増計画が閣議決定された。[85] 民主経済研究会の機関誌『真実』には池田の首相就任前から池田本人や池田のブレーンだった下村治（当時国民金融公庫理事）が対談記事で登場し、山花秀雄や竹本孫一らの懐疑的な意見も掲載されていたが同誌は基本的には所得倍増政策を支持しており[86]、同政策を攻撃していた都留重人らを批判していた[87]（なお後年になると物価上昇に懸念を示し所得倍増政策に批判的な記事も増加する）。

柴田も『真実』誌上で、所得倍増政策を批判する美濃部亮吉や大内兵衛の議論を「批判そのものの方が間違っている」と批判したが、同時に池田内閣の経済政策にも注文を付けていた。柴田は戦後の世界では米ドルが一種の世界通貨として供給されてきたために金基底率の正常値回復力が働かず金基底率が正常値の半分以下になっているが、アメリカでは国民所得に対する金保有高が低下しているため「米ドルが世界通貨としての役割をはたし得なくなる日が、やがて来るであろう」と予測した。したがって「年平均九％というような高率の経済成長を前提とした経済政策を立てるに際しては、どんな事態が起こっても金基底率の正常値回復力が再び作用することにならないようにするために、適当な手を打たねばならない」。さらに日本はいわゆる二重構造（近代的大企業と前近代的零細企業の並存）のために実質労賃が労働の限界生産力以下に保たれているので資本利率が資本の限界生産力以上に保たれて戦後成長してきたが、経済成長により二重構造を解消しようとするならこの前提は失われてしまう。こうした二つの問題を池田内閣の経済政策は扱っていないというのが柴田の批判であった[88]。柴田のこうした指摘は、ドルと金との交換が停止された一九七一年のニクソンショックやそれを一つの要因とする日本の低成長への移行を見越したものであったともいえるが、日本はこうした問題点を無視する形で高度成長へと進んで行く。

また、民主経済研究会では副会長の柴田を主宰責任者として毎年夏に箱根で日本労働協会の協賛を得て複数の講師を招いて数日間にわたるセミナーを開催していた。セミナーの受講生は「各企業の中堅、それぞれの部署での専門家、とくに労使問題のエキスパート」であった[89]。一九六二年のセミナーでは柴田がブロンフェンブレナーを講師に招き、ブロンフェンブレナーは労働組合の団体交渉とその影響について日本語で講演している[90]。また一九六四年のセミナーでは下村治が講師になり、経済成長の歪みを見て成長そのものを攻撃するのではなく歪みを是正することの重要性を説いていた[91]。

なお、民主経済研究会では「独占的資本の様相から民主的資本制に切り換え、高まる生産力を、国民の生活を豊かにする経済制へ改変しなければならない」「巨大企業は投資者会議と生産者会議とが平等な経営権を持つ場合、階級的労働組合運動の必要性が解消され、生産者は、生産機関を自己の生産母胎として愛用するようになる」という内容で柴田の「鵜匠の理論」が反映された可能性のある「民主経済構造要案」[92]や「民主的労働運動方針書」「民主的政治運動方針書」を会員の討議により作成していた[93]。一九六三年七月に自民党全国組織委員長に就任した石田博英は同年一〇月に、「近代社会における職能の分化は、相対的流動的であって、絶対的な分化対立を説く階級理論は、今日既に誤りであることが明らかになっている」「経営者と労働者とは本質的な対立にあるものではなく、自由な経済社会における発展は経営者と労働者の自発的な創意と協力なくしては発揮できないのである」といった階級闘争を否定する労使協調路線に基づき、労働政策の目標を完全雇用の実現、労働条件の向上、社会保障の充実に置く自由民主党労働憲章草案[94]を起草している。同憲章草案や民社党の綱領・経済基本政策等に民主経済研究会での議論が反映されたかどうかは不明である。

国際理論会議の計画

民主経済研究会顧問だった亀井貫一郎によると、一九六五（昭和四〇）年一月にソ連から、ソ連共産党新綱領に基づき対日政策を転換するためソ連側原案の討議に加わるように依頼が来たという。亀井はソ連が日米安保条約の廃棄を主張する限り難しいとして辞退したが、二月にソ連から日米安保条約に拘泥しないという返事が来たために訪ソを承諾した[95]。恐らくこの亀井の訪ソに便乗する形で、『真実』一九六五年四月号（第一一巻第四号）に突然、亀井と常任理事の和田善太郎がソ連およびヨーロッパを訪問することになり「ソ同盟、科学アカデミーでは本会研究の価値構成に関する問題の質疑を行うという場を与えられた」という民主経済研究会一同名義の予告が掲載された[96]。実際には亀井と和田の日程が合わず、和田が通訳の労働省事務官と二人で五月にモスクワのソ連科学アカデミー経済学研究所を訪問して労働価値説をめぐり激論を繰り広げた。一か月後に帰国した和田は石田博英や日下藤吾らの参加した報告会で議論の内容を報告し、日ソに加えてアメリカの理論家も含めて国際会議を開催することにソ連科学アカデミーの研究者と同意したことを伝えた[97]。さらに『真実』一〇月号には日米ソ三国間による理論闘争会議の開催に協

表1　民主経済研究会第5回夏季セミナー内容

第5回　夏期（原文ママ）セミナー開催要項

4泊5日　主　催　民主経済研究会
夏季セミナー委員会
協　賛　日本労働協会
日　時　昭和41年8月2日～6日（火～土）
会　場　箱根湯ノ花ホテル
会　費　50,000円（1名）
参加費・宿泊費・昼食代・資料費・座談会（茶菓費）等の経費一切を含む。

講座及び討論会日程

	時　間	テーマ	講　師	
8月2日火曜日	後2：00～4：00	世界経済の動向	青山学院大学教授　経済学博士	柴田　敬
	後7：00～8：00	（課外講話）事業成功の秘訣		石原広一郎
8月3日水曜日	前8：30～11：30	ソ連経済科学アカデミー報告	民主経済研究会事務局長	和田善太郎
	後2：00～5：00	(1) 日本経済と景気の見通し (2) 民主主義と現代	富士銀行取締役 日本大学教授	紅林　茂夫 鵜沢　義行
	後7：00～8：00	（課外講話）政界の秘話	衆議院議員	田中　竜夫
8月4日木曜日	前8：30～10：00	弁証法的唯物史観の批判	青山学院大学教授	日下　藤吾
	前10：10～11：30	社会開発重点の経済	東京女子大学教授	伊藤　善市
	後1：30～2：30	新らしい社会主義に就て	大阪市立大学教授	名和　統一
8月5日金曜日	前9：00～10：30	賃金問題	労働省官房長	辻　英雄
	前10：30～11：30	労使闘争の新傾向	公労委事務局長	大野雄二郎
	後2：00～5：00	討論会　労使問題 賃金問題 経済問題	日経連 総　評 労働省労政局長	荒井　次長 岩井　章 三治　重信
	後7：00～8：00	（課外講話）これからの日本（仮題）	元総理・衆議院議員	岸　信介
8月6日土曜日	前9：00～11：00	ソ連新経済政策（ソ連経済の新路線）	ソ連	フルイノフ

出典：「第五回・夏季セミナーの開催」『真実』第12巻第4号、1966年、33頁。

力を求める和田善太郎のアピールが掲載され[98]、柴田はこの会議の開催に大きな期待を寄せた[99]。

なお和田らがソ連を訪問した当時、石田博英は第一次佐藤栄作内閣の労働大臣であり（一九六四年一一月～六五年六月）、和田に労働省事務官が同行したりソ連科学アカデミーで討論をすることができたのは石田の力によるものと思われる。和田のソ連科学アカデミー訪問については『日本経済新聞』で報道されるとともに講談社ミリオン・ブックスからその記録『マルクス主義の論戦』が大河内一男の「推薦のことば」を付して刊行され[100]、首相の佐藤栄作が同書を読むなど[101]、一定の反響があった。

一九六六年一二月には日ソ両国の学者だけで翌年二月から三月にかけて「人間のしあわせとその社会構造の原理」をテーマとして国際理論会議が開催されることが決まり、ソ連科学アカデミー経済学研究所副所長のほかゴスプラン（国家計画委員会）関係者などを交えた六人が訪日し、日本側からは大河内一男、木内信胤（世界経済調査会理事長）、中山伊知郎、吉村正（政治学者、東海大学教授）らを議長団とする民主経済研究会会員が参加することになった[102]。柴田は日本側委員の一人として参加する予定であった[103]。しかし同会議に反共主義者が加わることについてのソ連側の批判や民主経済研究会内部の意見の違いによりこの際の国際理論会議は中止になり[104]、規模を縮小して翌一九六八年二月にソ連科学アカデミー経済学部長および学術書記が来日し、ソ連大使館一等書記官の立ち合いのもと和田ら民主経済研究会メンバーと学術会議が行われた[105]。和田は「会議は無事に終わった。論争を終えた我々に、大きな遺産が残った。それは真摯な、日本の代表的学者柴田敬、大河内一男、中山伊知郎の三博士の後援である」[106]と書いており、柴田は学術会議の際はアメリカに滞在していた(第6章参照)ものの、大河内や中山と共に同会議の成功に尽力したようである。

なお、石田博英は一九六九年に初めてソ連を訪れ、一九七三年に日ソ友好議員連盟が発足した際に会長となり、同年の訪ソ親善議員団では団長を務めるなど、自民党の親ソ派議員の代表的存在となっていく。その理由として、石田自身は「経済界ではシベリア開発への関心が高まっていた」「石橋［湛山］先生はじめそれまで日ソ関係に携わってこられた方々が高齢となり、各方面から私に日ソの橋渡し役となるよう薦めがあった」ためとしている[107]。石田と関係の深かった日経連など財界がシベリア開発への関心を高めて日ソ経済交流を推進するようになったこと、さらに既述のように石田が会長を務める民主経済研究会でソ連との関係が生じたことが影響していると考えられる。

4　大学紛争

青山学院大学における紛争

第6章で述べたように柴田は一九六七(昭和四二)年九月からカーネギー工科大学に交換教授

として渡米し、翌六八年六月に帰国するが、帰国直後から青山学院大学における大学紛争が激化していき、柴田はその対応に苦慮することになる。

青山学院大学では一九六〇年に学生の政治的実践を禁止する「三公示」が掲示されていたがこの撤廃運動が高まり、これに一九六六年に起きた芝田進午（哲学者・社会学者）の講演会実施をめぐる学生処分問題が加わり学生運動が激しさを増していく。大木金次郎学長は全学集会で強硬姿勢を示したため学生は一層反発し、全学共闘会議（全共闘）の学生による校舎のバリケード封鎖が行われた。事態打開のため一九六九年一月に各学部教授会は全教授会合同の「声明」を発表して全教職員・全学生が率直に意見を表明できる場を作り、討議の活発化をうながすよう教授会が一致して努力していくことを宣言した。こうした中で大木学長が辞任し村上俊亮（前東京学芸大学学長）が学長になり学生との対話による問題解決が図られるが、引き続き青山学院院長に留まった大木は学長の了解なしで院長の立場から機動隊導入を要請することがあり得ると発言して対話路線は膠着状態に陥った。全共闘は一九六九年五月二四日から六月二日まで「大学治安立法粉砕」を掲げバリケードを構築し全学ストライキに突入するが、その間に警視庁公安部は全共闘派学生が対立する派の学生を監禁し暴行した事件に関する捜査のため大学学生会館などを捜査した。これにより他大学と比べれば比較的温和だった青山学院大学の学生運動は一層急進化する。(108)

柴田は学生運動が急進化したまさにその時期（一九六九年六月一日）に経済学部長代理に就任する(109)が、全共闘は学部ごとにティーチ・インの日を決め、大学のチャペルに学生を動員して学部代表教員に自己批判を迫っており、経済学部のティーチ・インに学部長代理として柴田が出席した。全共闘の学生はマルクスの疎外論に立脚して大学と学部の形骸化、反動化、堕落を論じ、根本的改革の断行を要求したが、柴田はこれに対し「私もマルクスの疎外論を研究してきたものであり、その意味では諸君と同調しうるものを持っている。しかし、私が白髪頭になるまで研究して到達した結論は、諸君のそれとは正反対のものである。」「「自分の説と」どちらが正しいかは論証と学問的実践とを通じて決められることであって、ゲバ［暴力］で決められることではない。ここは、真理を究め、真理を愛し、真理に謙虚に従うことを修練する道場たる大学である」と前置きして、自分のこれまでの研究を説き「人間解放はゲバでは達成できない」と訴えた。学生は柴田の話に耳を傾け、終わると拍手が起こったといい、柴田は学生の純情さと素直さに誠意と愛情を傾けて応えていきさえすれば、説得によって紛争を解決できるはずだと思ったという(110)。

警察・大学当局への抗議

しかし大学紛争は激しさを増していき、全共闘は六月一九日以降、「大学立法反対、大木金次郎院長退陣」を掲げ無期限バリケードストに突入した。一方で全共闘と対立する体育会が六月二五日に学生集会を行うことを決定し、全共闘はこれを粉砕することを決議し対立する学生間の衝突が懸念された。大学から衝突が起きた場合には機動隊の出動を要請することもあると渋谷警察署に申し入れがなされ、これに基づき警視庁第一機動隊が東門付近に待機することになったが、学部長会はあくまで学内に入る場合は大学の了承を得るように主張した[111]。柴田は学部長会で全共闘の学生を説得する役目を与えられ[112]、全共闘側も自制を約束し示威行動は行ったものの集会を実力で粉砕する事は避けていたが、機動隊は独自の判断で大学構内に立入って全共闘派学生六一名を検挙して連行し、これに対して一般学生が憤激して機動隊に投石するなど騒然とした事態となった。

同日、村上学長は機動隊の判断に抗議して学生の釈放を要求し、柴田は文学部第二部長と共に渋谷警察署に行き署長に抗議したが、署長は「そんな迎合的な態度をとっているから、不心得な学生を生みだすのだ」と叱り飛ばそうとしたため、柴田は「私は進駐軍によって超国家主義者、軍国主義者という烙印を押されて京大を追放されたほどの者である。学生の暴力に迎合するような腰抜けではない」「今日の社会は矛盾に満ちている。純真な学生がそれに対して怒りを持つのは当然のことであり、むしろ頼もしいことである。それに対してわれわれがなすべきことは、社会の矛盾は学生のゲバで解決できるほど生やさしいものでない、ということを知らせてやることであり、その矛盾の生ずる原因とそれを除去する方策とを、地道に科学的に研究してかかるのでなければ、その矛盾を解決することはできないのだということを、悟らせることだ。その努力もしないで、いたずらに国家権力によって青年の純真な正義感を踏みにじってしまうことがあるなら、青年を無気力なものにしてしまうか、国家権力を敵視する気持を植えつけてしまうかする結果になる」と言ったとしている[113]。

村上学長と学部長代理の柴田を含む各学部長は、多数の学生が逮捕されバリケード封鎖が解除できなかった責任を取り総辞職するが、柴田は七月一一日に改めて経済学部長に就任して事態の収拾にあたる。ほぼ同時に就任した大平善梧学長[114]（元一橋大学法学部長）は全国紙に広告を出して学生・父兄・交友に大学封鎖に関する意見を求め、さらに学生にバリケード封鎖の是非や機動隊導入の可否についてのアンケートを実施するが、これらの対策が教授会の意見を聞くことなく行われていた。大平学長は学部長会議で各学部長に解決策をまとめて次回に提出してほしいと提案し、柴田は「教育・研究の場を守る者として情理を尽した」五段階にわたる綿密な計画の紛争の抜本的解決策を考えていた[115]。しかしその一方、八月七日に公布された大学運営臨時措置法における紛争校に認定されることを避けるため、八月一七日の同法施行直後の二一日に理事長・院長の同意のもと大平学長の要請により機動隊員約二〇〇名が出動し、バリケードは撤去された（全共闘派の学生は既に退去しており逮捕者はいなかった）。学長が各教授会の代表の学部長に相談せず機動隊を導入し、無断で学生にアンケートを実施したことに抗議して、経済学部長の柴田のほか法学部長、文学部長、文学部第二部長は辞表を提出した[116]。

5　戦後の政治的実践活動の評価と晩年

柴田の関わった自由文教人連盟は一九七〇（昭和四五）年頃までは活動していたとみられ[117]、民主経済研究会は一九七七年半ばまで存続したようであるが、[118] 柴田は自分の回想でこれらの会に深く関与したこと、言い換えれば戦後も政治的実践を続けたことには一切言及しなかった（なお民主経済研究会については、柴田に限らず、管見の限り会長の石田博英のほか、山花秀雄、竹本孫一、亀井貫一郎、日下藤吾ら主要メンバーも回想やオーラル・ヒストリーで一切触れておらず、このことも同研究会の実体に不明な点が多い理由である）。

柴田は一九七六年に『エコノミスト』誌上で連載された自伝「経済学と歩いて五〇年」（のち『経済の法則を求めて』として刊行）において、第4章で紹介したように、シュンペーターから政治に関わるなと忠告されたにもかかわらず、「私は政治みたいなものに何回か足を踏み込みかけては、苦労することになった。そして、余命いくばくもない老年になって初めて、やっぱり先生のいわれたことが正しかった、と悟った」（傍点筆者）と述べている。傍点部を踏まえると、ここで柴田が念頭に置いていたのは戦前の新体制運動に関することだけではなく、戦後の自由文教人連盟や民主経済研究会での活動のことも含むと思われる。柴田は、戦前の新体制運動への関与と共に、戦後の政治的実践活動も十分な実を結ばなかったと考えていたと推測できる。

宮崎義一は戦前の新体制運動期の柴田について「ご本人はひたすらに学究的に、生きた経済学を究明しているつもりなのですが、いつの間にかある意味では時流に乗った学者になっていったこともたしかです。柴田さんは自分の学問が評価されたと一途に思い込んでいたらしいのですが、取りまき連中はそれを利用していたかもしれないのです。」と述べているが、[119] 戦後においても柴田の真理探究への情熱や強い愛国心と、激しい政治やイデオロギーの動きとが交錯する中で、そのような面があったことは否定できないだろう。

柴田は一九七八年に最後の著書となった『転換期の経済学――現代経済学批判』（日本経済評論社）を刊行した後、一九八〇年にはロシア革命以降のソ連経済史を再検討するためにソ連関係の書物を多数購入し新著の構想を練っていた。[120] 一九八一年の『技術と経済』誌上での特集「明治生れの先達に聴く」において柴田は穂積五一や亀井貫一郎と共に登場しており、[121] 戦中戦後の政治的実践活動において出会った人々とは最後まで交流があったようである。

柴田は一九八三年初めから、「核戦争の危機をはらみつつ動いている今日の問題に答える」新著を刊行する計画を立て執筆を始める。同年九月には恭子夫人が死去するが、執筆は一九八五年一一月に柴田が入院する直前まで続けられた。一九八六年五月二二日、柴田は八四年の生涯を閉じた。[122] 柴田が生前に指示していた新著の題名は「核戦争勃発の危険から人類を救う道」、遺稿に書かれていた題名は「世界史発展の法則と核戦争」であった。[123]

注

（1）当時の山口大学経済学部長の奥田唯輔から一九五二年六月五日付で柴田に送られた手紙（柴田敬『京大を去る』所収）によれば、柴田のほか谷口吉彦も山口大学経済学部に内定していたようであるが、谷口は一九五二年四月に甲南大学教授に就任しており、翌年には大阪市立大学教授となっており山口大学には赴任していない（「故谷口博士略歴・主要著書論文目録」『経済論叢』第79巻第3号、一九五七年参照）。

(2)『新版増補　経済の法則を求めて』一〇八頁。

(3)作道好男・江藤武人編『花なき山の山かげの――山口大学経済学部65年史』財界評論新社、一九七〇年、一二九～一三〇頁。

(4)山口大学三〇年史編集委員会『山口大学三〇年史』山口大学、一九八二年、四三〇頁。なお実際に山口大学大学院修士課程経済学専攻が新設されるのは一九七五年のことである(同四三一頁)。

(5)『新版増補　経済の法則を求めて』一一〇頁。

(6)同右、一〇九頁。

(7)柴田は晩年の一九八二年に京都御幸町教会から銀座教会へ転会している(「年譜」『大道を行く』所収、四二二頁)。

(8)『新版増補　経済の法則を求めて』一一二頁。

(9)飯沼二郎編『熱河宣教の記録』未来社、一九六五年、二二一頁。熱河宣教および福井二郎・沢崎堅造らの評価については同書及び渡辺祐子・張宏波・荒井英子『日本の植民地支配と「熱河宣教」』いのちのことば社、二〇一一年も参照。

(10)社団法人鳳陽会編・発行『花なき山の……』二〇〇五年、二八三頁。

(11)同右、二八四頁。

(12)同右、二八三頁。

(13)庄司潤一郎「朝鮮戦争と日本の対応――山口県を事例として」『防衛研究所紀要』第8巻第3号、二〇〇六年。

(14)『新版増補　経済の法則を求めて』一一三～一一四頁。

(15)第一九回国会参議院文部委員会第8号(一九五四年三月一三日)における田中啓一(自由党)の質問より引用。

(16)山口大学教職員組合の一九五三年六月二七日の決議文は以下の通り。「六月三日、貴下が経済学部全教官宛に発せられた書簡問題は、貴下が就任以来とつて来られた平野義太郎氏演説会場使用拒否の問題、「経済変動論」の学期中途に於ける必須科目への変更の問題等一連の行動と共に、逆コース的風潮に便乗した非民主的行為であり、世論がこれを「思想調査」として指弾するも故なきに非ずと認められる。本組合は学園民主化の見地より、かゝる行為に対して、断乎抗議を申入れると共に、貴下の責任を明確にせられんことを要求するものである。」(第16回国会参議院文部委員会第11号(一九五三年七月二三日)における須藤五郎(日本共産党)の質問より引用)。

(17)『花なき山の……』二八四頁、『山口大学三〇年史』四四〇頁。
(18)『山口大学三〇年史』四四〇頁。
(19)同右、四五四～四五五頁。
(20)『新版増補　経済の法則を求めて』一一五頁。
(21)柴田書簡問題の背景には当時の山口大学経済学部特有の事情もあったようである(「地方大学自治の苦悶」『朝日ジャーナル』第7巻第16号、一九六五年)。
(22)徳山市史編纂委員会編『徳山市史　下巻』徳山市、一九八五年、七九九頁。
(23)「そこで私どもは何故にこのような書簡を出したかを学部長自身に尋ねたのでありますが、柴田氏の陳述によれば、警察当局より経済学部の教官のうちに或る種の政治活動をしている疑いがあるので警戒していること。又捜査のため学内に立入りたいことの連絡や要請を学部長は受けたが、特に学部長は、学問の自由、大学の自治擁護の立場から警察官の介入を拒否した。併し実は拒否するための積極的証拠もなかつたし、二、三の教授と相談し、反証蒐集のため、あの書簡を出したというのであります。併しその意図がたとえ善意であつたとしても結果的に見ればこの書簡が教官の間に一種の不安を醸成したことは否めない事実であるのであります。」第一九回国会参議院文部委員会第八号(一九五四年三月一三日)における田中啓一の質問より引用。
(24)労働省編『昭和二十九年版　資料労働運動史』労働行政研究所、一九五五年、一〇二頁。日教組はその後も山口大学の「教官の思想調査事件」を山口日記事件と共に思想調査の例として言及している(日本教職員組合編・刊行『日教組十年史　1947-1957』一九五八年、二五七頁)。
(25)山口日記事件および教育二法の制定過程については、藤田祐介・貝塚茂樹『教育における「政治的中立」の誕生――「教育二法」成立過程の研究』ミネルヴァ書房、二〇一一年を参考にした。
(26)『新版増補　経済の法則を求めて』一一五～一一六頁。
(27)『花なき山の……』六四頁。
(28)座談会「秘密追随外交から立ち直るには」(参加者は有田八郎、石垣綾子、柴田敬、福井文雄、平沢和重)『中央公論』一九五七年八月号。
(29)柴田は飯田藤次と思われる「I君」からの質問に答えるという形で国家の力関係という場合の「力」とは何か

を考察している（柴田敬「世界の根柢に動く力」『綜合文化』第3巻第2号、一九五七年）。
(30) 柴田敬「危機論の危機――ソ連共産党大会の盲点」『日本及日本人』一九五三年二月号、三八～三九頁。
(31) 柴田敬「経済学は「逆立ち」している」『経済往来』一九五三年四月号、一〇四～一〇七頁。
(32) 『花なき山の……』二八六頁。
(33) 『綜合文化』には安岡正篤、広池千九郎、中山優、作田荘一、大川周明、葦津珍彦、今村均、伊沢甲子麿、鍋山貞親、佐藤通次、中山忠直、高山岩男、杉森孝次郎、北岡寿逸、鈴木成高、難波田春夫らが寄稿していた（「既寄稿者」『綜合文化』第2巻第9号、一九五六年を参照）。
(34) 綜合文化協会は戸松慶議が指導する政治団体であった大和党の文化部門として一九五五年一月に設立された（木下半治『日本右翼の研究』現代評論社、一九七七年、三二四頁）。
(35) 戸松慶議「師友録（十）」『綜合文化』第2巻第11号、一九五六年、五七頁。
(36) 斎藤精一「建国大学における柴田先生」『大道を行く』所収、二六七頁。
(37) 柴田敬「経済民主化の提唱――労働組合の正しい闘争目標」『綜合文化』第2巻第7号、一九五六年、四七～四八頁。
(38) 柴田敬『世界史の動向――労働者の人間的解放』自由文教人連盟、一九五七年。柴田はこの他にも『ドル危機と国際通貨制度改善案』というパンフレットを自由文教人連盟から刊行している（一九六三年）。
(39) 自由文教人連盟は「反日教組の講演会や文書活動を活発に行い、自民党文教対策委員会の院外団的役割を果した」（日本教職員組合編『日教組二〇年史』労働旬報社、一九六七年、五一三～五一五頁）。
(40) 『毎日年鑑一九五七年版』毎日新聞社、一九五六年、二九六頁。
(41) 湯村栄一「自由文教人連盟の回顧と展望――四国高知大会への報告」自由文教人連盟、一九五六年、一二頁。
(42) 荒原朴水『大右翼史』大日本国民党、一九六六年、五九五頁。他の理事として浅野晃、荒木俊馬、佐藤通次、長尾郡太、高山岩男、中曽根康弘らがおり、顧問には赤松要、石黒忠篤、石坂泰三、石橋湛山、出光佐三、小汀利得、木内信胤、後藤文夫、作田荘一、下中弥三郎、田辺忠男、谷口雅春、日夏耿之介、松村謙三、水野成夫、柳田国男、安岡正篤、吉田茂、渡辺銕蔵らが名を連ねていた（同五九五～五九六頁）。なお一九五八年一二月現在で自民党全国組織委員会が編集した「文化人名簿」に赤松要、江頭恒治、小汀利得、太田義夫、木内信胤、北岡寿逸、後藤与之助、酒枝義旗、武村忠雄、田辺忠男、日下藤吾、土方成美、山崎靖純らと共に柴田の名前が載っている（同六〇〇頁）。

(43)「年譜」『新版増補　経済の法則を求めて』所収、二二二頁では一九五六年五月に「竹本孫一、高橋武彦、和田善太郎と共に、設立委員となって「民主経済研究会」設立」となっているが、『出版年鑑　一九六二年』出版ニュース社、一九六二年、一四四九頁では民主経済研究会の創立は一九五五年一〇月（会長石田博英、社長和田善太郎）となっており、和田善太郎も民主経済研究会の創設を「昭和三十年」としている（和田善太郎『マルクス主義の論戦――ソ連アカデミックとの理論闘争記録』講談社、一九六六年、一八頁）。

(44)「展望台――愛読者各位へ」『真実』第4巻第12号、一九五八年、一頁、「素描――民主経済研究会創立記念大会」同、五二頁、高橋正三「研究会一年の回顧と実践運動への提唱」『真実』第6巻第2号、一九六〇年、六一頁。

(45) 石田博英『私の政界昭和史』東洋経済新報社、一九八六年、四六頁。

(46) 石田博英『私の自画像』実業之日本社、一九六五年、二六頁。

(47)『私の政界昭和史』一〇四～一〇六頁。

(48) 石田博英「私の労働行政と政治観」労務行政研究所編・発行『石田労政――想い出と記録』一九五九年所収、二二三頁。

(49) 二階堂進が民主経済研究会顧問だったのは、岸信介改造内閣において石田博英労相の下で労働政務次官だったことによるものと思われる。

(50) 山花秀雄は民主経済研究会常任理事の和田善太郎と「昭和三年、二十三・四才の青年時代」からの交友があったとしており（山花秀雄「著者紹介」和田善太郎『共産主義と民主主義の哲学』民主経済研究会、一九五七年所収、八頁）、労農党での活動を通じて親しくなったようである。

(51)「民主経済研究会役員」『真実』第5巻第12号、一九五九年。

(52)「民経総会報告」『真実』一九六一年一・二月合併号、一三三頁。

(53) 和田善太郎は労農党東京中部支部で支部書記長の鹿地亘の下で政治部長だったほか、日本大学で仏教学者・教育運動家として知られる浅野研真と親しかった（和田善太郎『マルクス主義の論戦』一五頁）。

(54) 和田善太郎は大屋定夫の筆名で日本政治経済調査所の主幹として活動し、右翼等から集めた情報を警視庁特高課や内務省警保局、大企業、政治家、右翼団体に提供していた（松本清張・藤井康栄編『二・二六事件＝研究資料Ⅲ』文藝春秋、一九九三年、四二一～四六九頁）。日本政治経済調査所は石原広一郎が組織した政治団体である明倫会と関係があった（同四六四、四六六頁）。

(55)「日ソ米理論会議案を土産に――ソ連科学アカデミー論争実況報告会」『真実』第11巻第7号、一九六五年、四八頁。これが和田の著書で石原広一郎がしばしば言及されたり、民主経済研究会の機関紙『真実』に石原産業が広告を掲載していたり、民主経済研究会の夏季セミナーで石原が講師を務めたりしていることに関係していると思われる。また政治経済研究所には永山貞則（戦後自民党衆議院議員）や赤松克麿らが加わっていた（山花秀雄「著者紹介」八頁）。

(56) 有馬学「日中戦争期の「国民運動」――日本革新農村協議会」『年報近代日本研究5　昭和期の社会運動』一九八三年。

(57) 財団法人海外技術者研修協会編・発行『海外技術者研修協会三〇年史』一九九〇年、二四一頁。

(58) 第二回国会衆議院不当財産取引調査特別委員会第19号（一九四八年五月六日）の議事録より。

(59) 日本労働協会設立時の評議員（日本労働研究機構編・発行『日本労働協会の歩み』一九九三年、二七頁）のうち大河内一男、藤林敬三が民主経済研究会にも参加している。また民主経済研究会の和田善太郎が日本労働協会から研究委託を受けている（昭和三四年度「国民総生産と賃金」、昭和四九年度「企業の民主化の研究」）。また一九六八年にソ連研究者が来日した際の民主経済研究会関係者との議論は日本労働協会の国際交流講演会という形で行われている（日本労働研究機構編・発行『日本労働協会の歩み　資料編』一九九三年、三七一、三八五、四五三～四五四頁）。さらに民主経済研究会の夏季セミナーは日本労働協会の協賛で行われていた。

(60) 民主経済研究会の刊行した和田善太郎『日本独占資本の真実』（一九五九年）の広告では日経連事務局長の後藤浩が推薦文を寄せている（『真実』第五巻第七号、一九五九年、九二頁）ほか、後藤は『真実』誌上の座談会にしばしば登場し、また民主経済研究会の夏季セミナーでもパネリストとして参加している。

(61) 民主経済研究会常任理事の樋口喜徳は福田狂二が主宰する社会主義団体「進め社」の同人であったが後に転向して大日本青年党、大日本興亜同盟に参加し、同じく転向した福田の『皇道日報』による日本国体学会の里見岸雄への攻撃に参加したり、鍋山貞親、薮本正義といった共産党からの転向組と戦後も交際があった（樋口喜徳

『あ、国民兵』原書房、一九七五年奥付、同『「進め社」の時代――大正デモクラシーの明暗』新泉社、一九九三年、一六四頁、日本思想百年史編纂委員会編『日本思想百年史』躍進日本社、一九七二年、五六五～五七一頁）。また世界民主研究所に所属していた大野信三や竪山利忠は『真実』にしばしば寄稿している。世界民主研究所については福家崇洋「一国社会主義から民主社会主義へ――佐野学・鍋山貞親の戦時と戦後」『文明構造論：京都大学大学院人間・環境学研究科現代文明論講座文明構造論分野論集』第9巻、二〇一三年を参照。

(62) 民主経済研究会は日本社会党が分裂し民社党が結成される直前に鍋山貞親らにアンケートをとっている（「アンケート　新党の前途をこう思う」『真実』第6巻第1号、一九六〇年）ほか、鍋山は社会党左派社会主義協会派の理論的支柱だった向坂逸郎を批判する記事を『真実』に載せていたり（鍋山貞親「西尾ブームと向坂理論」『真実』第5巻第2号、一九五九年）、和田善太郎らとの座談会において社会主義と異なる民主社会主義を主張している（鍋山貞親・野田福雄・和田善太郎「政治討論　日本社会党の行く手にあるもの――（第一回）国民政党か階級政党か　各派論客はかく主張する」『真実』第5巻第3号、一九五九年）。風間丈吉は社会党と共産党の統一戦線の結成を警戒する論稿を『真実』に載せている（風間丈吉「社・共統一戦線への警告」『真実』第12巻第1号、一九六六年）。

(63) 池田勇人・石田博英・和田善太郎「国民全体の生活向上へ――池田勇人氏の新経済構造」『真実』第五巻第六号、一九五九年、一二頁。民主経済研究会正式発足前の一九五六年二月号の『真実』には共産主義批判や日本共産党を警戒する記事が多く、「a内外の政治、経済、外交、社会、文化、および我国の歴史に関するもの」のほか「b政治運動の裏面的真実」「c国内労働組合に関するもの」に関する原稿が募集されていた（「投稿規定」『真実』第2巻第2号、一九五六年、七四頁）。

(64) 基本的に労使協調路線に立っていた全繊同盟（現・UAゼンセン）教宣部長の平井修博が民主経済研究会理事を務めていた（「民主経済研究会役員」参照）。

(65) 一九五九年に日本社会党が分裂して日本社会党再建同志会（のち民社党に発展）が結成された際、「民主経済研究会青年部」ほか一一団体が再建同志会青年組織担当の塚本三郎の招きで懇談している（楪本捨三『民社党十五周年史』民社党十五周年史頒布会、一九七四年、一〇三頁）。また民主経済研究会評議員の高木邦雄は民社党のブレーン組織だった民主社会主義研究会議（民社研）理事であった。（「民主経済研究会役員」および青木慧『政労

使秘団――組織と人脈』汐文社、一九八三年、一三九頁）。

(66)「各種研究会案内」『真実』第5巻第1号、一九五九年、八二頁。

(67)「価値問題の研究（第十四回）〝新価値論〟発足の条件　人間性の肯定に立て――柴田敬博士の報告より」『真実』第6巻第8号、一九六〇年、六二頁。

(68)『マルクス主義の論戦』一六五頁。

(69)「新時代の理念――民主経済・講演会報告」『真実』第6巻第2号、一九六〇年、一二頁。

(70)土方成美博士喜寿記念論文集刊行会編『経済体制および経済構造――土方成美博士喜寿記念論文集』鹿島研究所出版会、一九六七年に日下は「『資本論』から百年目」という文章を寄稿している。

(71)安達宏昭『「大東亜共栄圏」の経済構想――圏内産業と大東亜建設審議会』吉川弘文館、二〇一三年、三一～三九頁。

(72)石瀧豊美「玄洋社社員名簿」同『玄洋社――封印された実像』海鳥社、二〇一〇年所収、五四頁。

(73)日下藤吾『獅子の道　中野正剛』叢文社、一九八六年、六八五～七四一頁。

(74)「日下藤吾名誉教授略歴」『青山経済論集』第29巻第3号、一九七七年。

(75)青山学院大学大学院経済学研究科は一九五三年に元東大経済学部教授の田辺忠男を大学院専任教授として迎えて設置が認可された。一九六〇年四月から経済学研究科経済政策専攻博士課程が発足した（青山学院大学編・発行『青山学院大学五十年史』二〇一〇年、五八〇～五八三頁。

(76)日下藤吾「謹んで先輩柴田敬先生のみ霊に啓す」『大道を行く』一七六～一七七頁。

(77)前掲、『綜合文化』第2巻第9号「既寄稿者」参照。

(78)日下藤吾『勤評反対闘争の底に流れるもの――噴火山上の日教組』自由文教人連盟、一九五八年。

(79)大木金次郎「初見の日」『大道を行く』所収、六六頁。

(80)『新版増補　経済の法則を求めて』一二三～一二四頁。

(81)柴田敬「日本にひかれた三十八度線――その危機感の実態をつかめ」『経済往来』第12巻第8号、一九六〇年。

(82)桜田武「恵まれた諸条件」エコノミスト編集部編『証言・高度成長期の日本（上）』毎日新聞社、一九八四年所収、五二頁、今里廣記『私の財界交友録――経済界半世紀の舞台裏』サンケイ出版、一九八〇年、一〇九～一一〇頁。

(83)「期待と激励――石田労相　佐々木官房副長官　就任祝賀会」『真実』第6巻第10号、一九六〇年、四一頁。

(84)「民経総会報告」一三二頁。

(85) 下村治・和田善太郎「自然倍増か倍増への転換か――投資拡大をめぐる論争」『真実』第5巻第12号、一九五九年。

(86)『真実』では戦前の右翼の黒幕として知られた小林順一郎を所得倍増論の先駆者としていた（「所得倍増論の先覚者――強烈な闘志を秘めて隠棲」『真実』第6巻第1号、一九六〇年）。小林順一郎は国内流通紙幣と対外決済用の貨幣を区別し、国内では不換紙幣を大量に発行することで日本の経済発展を目指すべきであるとしていた（小林順一郎「昭和維新の基調たるべき経済国策案骨子説明書」一九三三年、『現代史資料5　国家主義運動二』みすず書房、一九六四年所収）。

(87)「展望台――池田理論の反撃派の無理解」『真実』第5巻第9号、一九五九年。

(88) 柴田敬「〝池田経済政策〟の本当の問題点――大内・美濃部教授の反論を駁す」『真実』第6巻第11号、一九六〇年、同「所得倍増計画について――その実現のために敢えて提言する」『真実』第6巻第12号、一九六〇年。

(89)「箱根での民経セミナー　夢のような一週間傍聴記」『真実』第10巻第8号、一九六四年、一二頁。

(90) ブロンヘン・ブレンナー（原文ママ）「団体交渉のあり方について」『真実』第9巻第7号、一九六三年。

(91) 下村治「経済成長について」『真実』第10巻第8号、一九六四年。

(92) 民主経済研究会事務局「第三回　民主経済構造要案」『真実』第5巻第8号、一九五九年、七三頁。

(93) 民主経済研究会事務局「報告　新しい研究課題で」『真実』第6巻第12号、一九六〇年。

(94)「自由民主党労働憲章・同草案」石田博英『私の政界昭和史』所収。

(95) 亀井貫一郎「五十年「ゴム風船」を追って――亀井貫一郎備忘録より」『亀井貫一郎氏談話速記録』日本近代史料研究会、一九七〇年所収、二二一～二二三頁。

(96)「ご挨拶　研究会代表ソ・欧歴訪」『真実』第11巻第4号、一九六五年。

(97)「日ソ米理論会議案を土産に――ソ連科学アカデミー論争実況報告会」四七頁。

(98) 和田善太郎「日米ソ三国間の理論家理論闘争会議の開催について」『真実』第11巻第10号、一九六五年。

(99)「年譜」『新版増補　経済の法則を求めて』所収、二二六頁。

(100) 和田善太郎「ソ連けんか行――マルクス理論否定に乗りこむ」『日本経済新聞』一九六五年七月二七日朝刊。
(101) 佐藤栄作は一九六七年三月四日の日記に「和田善太郎君のマルクス主義の論戦を読了」と書いている（『佐藤榮作日記　第三巻』朝日新聞社、一九九八年、四三頁）。
(102) 「民主主義（原文ママ）経済研究会で来春国際理論会議」『読売新聞』一九六六年一二月二四日、「日ソの〝経済の頭脳〟が一堂に」『読売新聞』一九六七年二月一八日。
(103) 「年譜」『新版増補　経済の法則を求めて』所収、二二六頁。
(104) 和田善太郎『しあわせの論理――新しい社会科学への道』読売新聞社、一九七〇年、九六～九八頁、「お流れになった日ソ論争」『エコノミスト』一九六七年三月七日号。中止の背景には木内信胤や田中龍夫（自民党衆議院議員）らと和田らとの間での会議開催の主導権争いがあったようである（「流産した〝日ソ経済理論会議〟――主催者の主導権争いで」『読売新聞』一九六七年二月二二日夕刊）。
(105) 和田善太郎「〝しあわせ〟を求めて――日ソ経済学者の討論から」『読売新聞』一九六八年三月四日夕刊。
(106) 『しあわせの論理』九九頁。
(107) 『私の政界昭和史』一五三頁。
(108) 『青山学院大学五十年史』二〇四～二一五頁。
(109) 「統計・役職者一覧・事務組織等」青山学院大学五十年史編纂委員会編『青山学院大学五十年史　資料篇』青山学院大学、二〇〇三年所収、六四三頁。
(110) 『新版増補　経済の法則を求めて』一二五～一二七頁。
(111) 『青山学院大学五十年史』二一六～二一七頁。
(112) 『新版増補　経済の法則を求めて』一二七頁。
(113) 同右、一二八頁。
(114) 大平は民主経済研究会が一九五九年一二月に開催した講演会で「原子力時代における外交」という題目で講演している（前掲「新時代の理念――民主経済・講演会報告」）。
(115) 関田寛雄「柴田敬先生――深謀勇断の人」『大道を行く』所収、一四七頁。
(116) 『青山学院大学五十年史』二一八～二二〇頁。

(117) 管見の限り、自由文教人連盟の出版物は尾形雅邦『ソ連の現実』（一九六八年）が最新のものである。
(118) 「年譜」『新版増補　経済の法則を求めて』所収、二二七頁。
(119) 伊東光晴・宮崎義一「対談書評　忘れられた経済学者・柴田敬――柴田敬著『経済の法則を求めて』をめぐって」『経済評論』一九七八年八月号、一〇九～一一〇頁。
(120) 「年譜」『新版増補　経済の法則を求めて』所収、二三二頁。
(121) 『技術と経済』第一六九号、一九八一年の特集「明治生れの先達に聴く・新たな文明への道」の内容は以下の通り。柴田敬「人類の存続・発展のために」穂積五一「心からの尊敬と理解」亀井貫一郎「「構え」の構造」杉山龍丸「新しい文明への道」。
(122) 「年譜」『新版増補　経済の法則を求めて』所収、二三三頁。
(123) 柴田敬「核戦争勃発の危険から人類を救う道」および公文園子「遺稿をまとめるにあたって」ともに『大道を行く』所収。

あとがき

柴田敬は京都帝国大学経済学部を辞職した直後の一九四六（昭和二一）年四月一七日付の「自らを省みる」と題されたメモ（京都大学大学院経済学研究科・経済学部図書室蔵『京大を去る』所収）でそれまでの自分の人生を振り返っている。「考へて見れば自分は何一つ最後まで為し遂げたものはない。」という柴田は、キリスト教信仰や一般均衡理論の研究、作田荘一やマルクスの思想、日本経済の再生産構造の統計的研究など、これまで自分が取り組んできたことが不徹底に終わる傾向があることを反省し、「こんなことでは、うつかりすると一生かゝつて何一つ仕上げずに終ることになるかもしれぬ」と書いている。

自分はこれまでも、自分に斯うした癖のあることに気付いてゐたし、それと闘はふとしたのであつた。が、結局は敗れてしまふのだつた。中途でそれを続ける元気がなくなるか、能力のないことを知らされるのだつた。

早くから自分の「癖」に気付いていた柴田は、長男には物事を徹底的に考え抜く力をつけてほしいという願いを込めて「徹」という名前を付けていたが、長男は病死してしまった（第4章参照）。そして戦争に敗れ、経済学者としての職も失った柴田は、自分のそれまでの人生に反省を加える必要性に迫られていた。

そして柴田の反省の結論は、自分の「癖」をむしろ積極的に活かしていこうというものであった（以下、ルビは引用者による）。

今後は、これまでとはいささか方法を変へねばならぬ。自分はむしろ此の癖を活かすことを考へるべきではなかつたか。

例へば樹木のことを考へて見ても、枝を出しても本幹は常にそれとしての地位を保つ杉や欅（けやき）のやうなものもあれば、本幹が何れであるかわからぬやうに分岐しつつ、コンモリと繁る樟（くすのき）のやうなものもある。新しい課題を見付けてはガムシャラに精進して一応の段階のところまで漕ぎつける、といふやうな点に於ては人の追随を許さぬものを持つてゐるのである。さうである以上自分は、何れか一つの課題の取り扱ひに永久に自分をしばりつけるといふやうなことを考へず、むしろ此の特徴を生かし、闊達に次から次の課題をとらへつゝ、其の時々の課題の解決の為に全力を傾注することにすべきではなからうか。自分は教会に首をつぎ込んだり、経済学の研究に没頭したり、経済革新に関心を覚えたりして来たのであるが、顧みて見ると、其の変化を通じて、何かしら本当の人生としての道に徹しようとしてゐる、といふ点に於ては一貫したものを持つて来たやうだ。そして、此の点に於ける一貫性は、特に心がけてそれを守らうとして努力して維持して来たものではなく、自分では気付くこともなしに自ら(おのずか)にして維持して来たものである。それは自分にとつて極めて自然的なのだ。して見れば、此の点に於ける一貫性ならば自分は自覚的により強く貫くことも出来るはずだ。而もさうすることは本当にい丶事だ。して見れば、これからは、此の点に於ける一貫性をヨリ厳密にヨリ強剛に貫くことに心しつ丶、此の点に於ける一貫性を基軸として課題の転換はヨリ大胆にヨリ堂々と行ふことにすべきである。

柴田は本書第6章、第7章でみたように戦後も様々な研究や活動に取り組んでいるが、これはこうした柴田自身の結論を実行に移した結果であるといえる。

もちろん、こうした柴田の姿勢を批判的にみることも可能である。純粋に柴田を経済学者として見るのであれば、ハーバード大学に留まってシュンペーターの下で優秀な経済学者たちと切磋琢磨したり、帰国後も政治とは距離を取って自身の研究成果を学術的な形で発表したり、戦後も『ヒックス経済学批判』の内容を国際的な経済学の発展の成果を取り入れて洗練していくことに専念すべきであったという評価もできる。しかしそうした行動は諸事情によってできなかったし、何よりも柴田自身がそのような行動を取ろうとしなかった。

柴田が取り組んだ様々な研究と活動は、柴田の比喩を用いれば「枝」である。それゆえ、柴田の業績を総体として評価するためには、一つの枝である経済学研究だけに注目するのではなく、様々なその他の活動を柴田の「本幹」である問題意識から分岐したものとして同時に扱わなければならない。そのように見た場合、柴田の生涯を一貫しているのは「はしがき」で述べたように、「資本主義の抱える諸問題にどのように日本と世界は対応すべきなのか」「資本主義をどう超克するか」という大きな問題意識であったと考えられる。柴田にとって経済学研究は資本主義の法則を明らかにすることによりその欠陥を乗り越えるための一つの手段であった。したがって柴田にとっては経済学研究も、蓄電池の開発や晩年の風力・潮力発電の研究も、そして様々な政治的活動への参加も、すべて「資本主義の超克」のための「実践活動」であった。

こうした様々な「実践活動」に熱心になるあまり時代に流されてしまった面もある柴田の人生は、現代の経済学者からは奇異に見えるかもしれない。しかしその一方で、専門化が進む一方で大きな問題意識に欠けがちな現代の経済学者に、いやそれだけでなくイデオロギーという「大きな物語」が崩壊した現代に生きる私たちに、柴田の人生は「何のために研究をするのか」「何のために生きるのか」を問いかけているように思われる。

本書は柴田敬の研究や活動を紹介する評伝であると同時に、図らずも柴田という一人の経済学者の人生を通じて見た日本近現代史ともいえる本になった。これまでの柴田研究とは評価や重点の置き方が異なる部分も多いが、ご寛容のほどお願いしたい。

本書がこうした形になるまでには多くの方々のお世話になっている。筆者が柴田敬という名前を知ったのは、日本経済思想史に関心を持ち始めた時に読んだ八木紀一郎著『近代日本の社会経済学』（筑摩書房、一九九九年）を通じてである。柴田研究の端緒を作っていただき、現在まで指導を賜っている八木先生にまずお礼申し上げたい。また筆者が前著『戦時下の経済学者』（中公叢書、二〇一〇年）で柴田を取り上げたことで、本田重美先生・公文園子先生・岡村稔先生・太田浩先生など青山学院大学での柴田門下生の方々から研究会にお招きいただき、多くの柴田の著書をご恵送いただいた。この場を借りてお礼申し上げる。

「評伝・日本の経済思想」の企画に新しく加えられた『柴田敬』の執筆依頼を藤井隆至先生からいただいたのは二〇一一年七月であった。柴田の次女の長坂淳子氏からは刊行を心待ちにする旨のお手紙をいただいた。筒井清忠先生と和田昭允先生からは柴田に関係する貴重な情報をご教示していただいた。日本経済評論社の鴇田祐一氏は原稿を辛抱強く待っていただいた。矢嶋道文先生からいただいた督促は原稿完成の最後の一押しとなった。二人の査読者の方からは的確な指摘をいただいた。様々な事情で執筆が遅れてしまったことを皆様にお詫びしたい。

最後に、本書の執筆を陰ながら支えてくれた妻と、執筆中に生まれ、元気を与えてくれる長女に感謝したい。

二〇一五年一月三一日

牧野邦昭

柴田敬年譜

一九〇二（明治三五）年	九月二日	福岡市春吉九七番地に柴田治三・マサの次男として出生
一九一六（大正五）年	三月	福岡市立春吉小学校卒業
一九二一（大正一〇）年	三月	福岡市立福岡商業学校卒業
	四月	山口高等商業学校入学
一九二四（大正一三）年	三月	山口高等商業学校卒業
	四月	京都帝国大学経済学部入学
一九二七（昭和二）年	三月	京都帝国大学経済学部卒業
	四月	徴兵令により久留米歩兵第四十八連隊に入営
一九二八（昭和三）年	四月	京都帝国大学大学院入学
一九二九（昭和四）年	三月	京都帝国大学経済学部講師
	九月	大石恭子と結婚
一九三一（昭和六）年	二月	シュンペーターを京都で案内し神戸で議論する
	八月	京都帝国大学経済学部助教授
一九三六（昭和一一）年	三月	留学のためアメリカに出発
		ハーバード大学で学ぶ
一九三七（昭和一二）年		イギリス、ドイツに滞在
一九三八（昭和一三）年	五月	帰国
一九三九（昭和一四）年	二月	『理論経済学』上下巻により京都帝国大学より経済学博士の学位授与
	五月	京都帝国大学経済学部教授

	一〇月	京都帝国大学人文科学研究所教授兼任
一九四〇（昭和一五）年	八月	新体制研究会設立
一九四二（昭和一七）年	七～九月	満洲国に建国大学兼務講師として出張
一九四三（昭和一八）年	八～九月	満洲国に建国大学兼務講師として出張
一九四四（昭和一九）年	三月	京都帝国大学評議員（八月まで）
	七月	愛知県豊川市海軍工廠へ京大生勤労動員監督官として赴任
	八月	陸軍主計少尉として召集、久留米第四十八歩兵連隊に入隊後に南京の支那派遣軍総司令部経理部長付に配属
一九四五（昭和二〇）年	二月	軍需省航空兵器総局に転任
	九月	復員し大学に復帰
一九四六（昭和二一）年	二月	京都帝国大学経済学部に辞表提出（三月依願免官）
	五月	GHQ民間情報教育局の直接指令により教職追放
		この時期、国民皆農協会に関与
一九四七（昭和二二）年	二月	公職追放
一九四八（昭和二三）年		この頃、蓄電池改良に取り組み柴田蓄電池製造株式会社の経営に当たる
一九五一（昭和二六）年	八月	公職追放解除
一九五二（昭和二七）年	四月	教職追放解除
	七月	山口大学経済学部教授
一九五三（昭和二八）年	一月	山口大学経済学部長（一九五五年一月まで）
	六月	「柴田書簡問題」発生

一九五六（昭和三一）年	五月	自由文教人連盟設立、同時期に民主経済研究会設立
一九五八（昭和三三）年	一〇月	民主経済研究会正式発足、顧問に就任
一九六〇（昭和三五）年	四月	青山学院大学経済学部教授
	一一月	民主経済研究会副会長に就任
一九六七（昭和四二）年	九月	カーネギー工科大学産業管理大学院に交換教授として派遣され渡米
一九六八（昭和四三）年	六月	帰国
一九六九（昭和四四）年	六月	青山学院大学経済学部長代理
	七月	青山学院大学経済学部長
	八月	機動隊導入によるバリケード封鎖解除に抗議して学部長を辞職
一九七一（昭和四六）年	三月	青山学院大学定年退職、引き続き非常勤講師（一九七八年三月まで）
一九七四（昭和四九）年	四月	九州産業大学商学部教授
一九八〇（昭和五五）年		中山伊知郎、安井琢磨と共に『近代経済学古典選集』（日本経済評論社）を監修
一九八三（昭和五八）年	九月	恭子夫人死去
一九八六（昭和六一）年	五月二二日	死去

文献目録

（1）柴田敬主要著書

『理論経済学　上』弘文堂、一九三五年

『理論経済学　下』弘文堂、一九三六年

『日本経済革新案大綱』有斐閣、一九四〇年

Fundamental Theory of Capitalism、私家版、一九四一年（上村鎮威訳『資本主義経済理論』新経済学全集、日本評論社、一九四一年）

『新経済論理』弘文堂、一九四二年

『新経済学批判』山口書店、一九四三年

『経済原論』弘文堂、一九四三年

『ヒックス循環論批判』弘文堂、一九五二年

A Critical Study of Hicks's Cycle Theory、弘文堂、一九五二年

『資本主義世界経済論　上』三和書房、一九五三年

A Dynamic Theory of the World Capitalism、三和書房、一九五四年

A Contribution to the Theoretical Study of Monetary Inequilibrium and Economic Growth, The Science Council of Japan Division of Economics, Commerce & Business Administration, Economic Series, 1962.

『経済原論』ミネルヴァ書房、一九六三年

『経済学原理――近代経済学批判　上』ミネルヴァ書房、一九六六年

『経済学原理――近代経済学批判』ミネルヴァ書房、一九六七年

『近代経済学原理』ミネルヴァ書房、一九七〇年（新田政則との共著）

『地球破壊と経済学』ミネルヴァ書房、一九七三年
『経済理論の基礎構造——環境破壊的経済の基礎理論』ミネルヴァ書房、一九七四年（編著）
『ケインズを超えて——世界史的危機の経済学』ミネルヴァ書房、一九七六年
Beyond Keynesian Economics、ミネルヴァ書房、一九七七年
『経済の法則を求めて——近代経済学の群像』日本経済評論社、一九七八年（増補一九八七年、新版増補二〇〇九年）
『転換期の経済学——現代経済学批判』日本経済評論社、一九七八年（増補一九八七年）

（2）記念論文集・追悼文集

都留重人・杉原四郎編『経済学の現代的課題』ミネルヴァ書房、一九七四年
鹿島郁子・長坂淳子編『大道を行く——柴田敬追悼文集』鹿島郁子、一九八七年
杉原四郎・公文園子・新田政則編『柴田経済学と現代』日本経済評論社、一九九一年

（3）柴田に関する研究を含む書籍

Eatwell, J., Milgate, M. and Newman, P. ed. *The New Palgrave: A Dictionary of Economics*, London and Tokyo: Macmillan and Maruzen, 1987.
杉原四郎『日本の経済思想家たち』日本経済評論社、一九九〇年
Ikeo, Aiko, ed. *Economic Development in Twentieth-Century East Asia: The International Context*, London: Routledge, 1997.
Sugihara, Shiro, and Toshihiro Tanaka, ed. *Economic Thought and Modernization in Japan*, Cheltenham: Edward Elgar, 1998.

M・C・ハワード、J・E・キング、振津純雄訳『マルクス経済学の歴史　下』ナカニシヤ出版、一九九八年
八木紀一郎『近代日本の社会経済学』筑摩書房、一九九九年
倉林義正・香西泰・長谷川かおり編『現代経済思想の散歩道』日本評論社、二〇〇四年
根岸隆『経済学史24の謎』有斐閣、二〇〇四年
鈴木信雄責任編集『経済思想10　日本の経済思想2』日本経済評論社、二〇〇六年
都留重人『現代経済学の群像』岩波現代文庫、二〇〇六年
寺出道雄『知の前衛たち――近代日本におけるマルクス主義の衝撃』ミネルヴァ書房、二〇〇八年
根岸隆『経済学の理論と発展』ミネルヴァ書房、二〇〇八年
牧野邦昭『戦時下の経済学者』中公叢書、二〇一〇年

ら行

わ行

ま行

や行

た行

な行

は行

さ行

人名索引

＊柴田敬は除く。

【著者紹介】

牧野邦昭（まきの・くにあき）

1977年生まれ

2008年：京都大学大学院経済学研究科博士後期課程修了、博士（経済学）

現在：摂南大学経済学部准教授

著書：『戦時下の経済学者』中央公論新社、2010年（第32回石橋湛山賞受賞）

柴田敬　　〈評伝・日本の経済思想〉

資本主義の超克を目指して

2015年3月29日　第1刷発行　定価（本体2500円＋税）

著　者　牧　野　邦　昭

発行者　栗　原　哲　也

発行所　株式会社　日本経済評論社

〒101-0051　東京都千代田区神田神保町3-2

電話 03-3230-1661　FAX 03-3265-2993

info8188@nikkeihyo.co.jp

URL: http://www.nikkeihyo.co.jp

装幀＊渡辺美知子　　印刷＊文昇堂・製本＊誠製本

乱丁落丁はお取替えいたします。　Printed in Japan

ISBN978-4-8188-2373-0

【本シリーズと日本経済思想史学会】

〈評伝　日本の経済思想〉は、日本経済思想史学会が母体となって刊行しているシリーズです。

この学会は、一九八三年に、故逆井孝仁教授（立教大学）を中心に数名の若手研究者が集まって始めた日本経済思想史研究会が前身ですが、三〇年におよぶ活動の蓄積を踏まえ、二〇一二年に日本経済思想史学会へと名称を変更しました。

本会の発足当時は、日本経済史における思想あるいは経済主体の役割についての研究は必ずしも十分ではなく、また経済学史・経済思想史研究も欧米の事例に片寄りがちでした。本会は、そのような中で、日本経済思想史という分野の発展のために努力を続けて参りました。本シリーズもその一環であり、日本経済思想史研究の活性化を願って、二〇〇八年より順次刊行されております。

経済思想を主題としながらも「評伝」という形をとっているのは、専門家だけでなく広く一般の方々にも「思想」というものに親しみやすく触れていただくことを目的としたからです。また、思想を理解するには、それを生み出した担い手の生活や人生、あるいは時代背景の中に置いてみることが重要だと考えているからでもあります。思想は学者や思想家のみのものではありません。こうした考えから本シリーズでは、経済学者だけにとらわれずに、官僚、政治家、実業家も担い手として取り上げました。そこに一つの特色があるかと存じます。

右のような狙いを持つ本シリーズの刊行により、日本の内外を問わず、日本経済思想史により一層の関心が拡大することを願ってやみません。本シリーズをさらに充実したものにするためにも、読者諸賢より多くのご批判、ご感想を頂戴できましたら幸甚です。

二〇一三年六月　日本経済思想史学会

▶評伝・日本の経済思想◀

寺出道雄（慶應義塾大学）『山田盛太郎』＊
池尾愛子（早稲田大学）『赤松　要』＊
中村宗悦（大東文化大学）『後藤文夫』＊
上久保敏（大阪工業大学）『下村　治』＊
落合　功（広島修道大学）『大久保利通』＊
藤井隆至（新潟大学）『柳田国男』＊
大森一宏（駿河台大学）『森村市左衛門』＊
見城悌治（千葉大学）『渋沢栄一』＊
齋藤　憲（専修大学）『大河内正敏』＊
清水　元（早稲田大学）『北　一輝』＊
西沢　保（一橋大学）『福田徳三』
小室正紀（慶應義塾大学）『福澤諭吉』
仁木良和（立教大学）『岡田良一郎』
川崎　勝（南山大学）『田口卯吉』
山本長次（佐賀大学）『武藤山治』＊
牧野邦昭（摂南大学）『柴田　敬』＊

＊印は既刊